Anja Nititzki

Anja Nititzki

Verm@ilt

E-Mail-Roman

mitteldeutscher verlag

Jede Ähnlichkeit mit lebenden oder toten Personen sowie realen Geschehnissen ist rein zufällig.

Gesamtherstellung: Mitteldeutscher Verlag, Halle (Saale)

ISBN 978-3-95462-337-2

Printed in the EU

Inhalt

// 1. Kapitel – Der Chemiebaukasten //

Betreff: Gut angekommen? 🖂
Datum: 11.07.2012, 20:23:00
Sehr geehrter Herr Nowitzki,
es war sehr schön mit Ihnen!
Ich hoffe, Sie sind gut und schnell in Bonn angekommen.
Freundliche Grüße aus Leipzig
Anna Fröhlich

Betreff: Re: Gut angekommen? 🖂
Datum: 11.07.2012, 23:56:12
Hallo Frau Fröhlich,
schön, von Ihnen zu hören bzw. zu lesen. Und ja, ganz meinerseits! Der Fernsehdreh in Moritzburg mit Ihnen und Ihrem netten Kamerateam war mir ein Vergnügen. Nun hat mich Bonn heil wieder.
Schöne Grüße
Roger Nowitzki

* * *

Betreff: „Kleine Morde hinter der Mauer" 🖂
Datum: 12.07.2012, 08:12:00
Guten Morgen, Herr N. aus B. am R.,
dann hoffe ich, dass der Fernsehbeitrag, den wir über Ihr neues Buch gedreht haben, etwas bewirkt. Vielleicht kön-

nen Sie dadurch ein paar Bücher mehr verkaufen, wenn unsere Fernsehzuschauer ihn sehen. „Kleine Morde hinter der Mauer“ ist doch ein verheißungsvoller Titel.
Ihre Frau F. aus L.

✉ **Betreff: Re: „Kleine Morde hinter der Mauer“**
Datum: 12.07.2012, 10:23:19
Guten Morgen, liebe Frau F.,
ja, das hoffe ich auch. Grüßen Sie Ihren Kameramann von mir. Seinen Namen werde ich nie vergessen. „Klaus Kleemann“ klingt gut, irgendwie so unbeschwert, wie „Hans im Glück“. Ich werde ihn in einer meiner nächsten Krimikomödien unterbringen.
Liebe Grüße aus Bonn, ergebenst Ihr Herr N.

✉ **Betreff: Idee**
Datum: 12.07.2012, 10:57:11
Lieber Herr N.,
ich habe eine Idee. Was halten Sie davon, wenn wir aus Ihren Mordgeschichten eine kleine Serie für den Sender produzieren? Ein Sendeplatz ist frei geworden. Bis nächste Woche Freitag dürfen alle Redakteure Exposés einreichen. Das beste gewinnt.
Wenn es klappt, müssten Sie wochenweise nach Sachsen kommen und mit mir zusammen produzieren.
Was sagen Sie dazu?
Frau F.

✉ **Betreff: Re: Idee**
Datum: 12.07.2012, 12:03:10
Bin dabei! Super Idee. Allerdings kann ich erst nach meinem Urlaub einsteigen. Ich bin ab morgen für drei Wochen nicht im Lande. Mein Sohn hat Sommerferien. Ich muss jetzt auch Schluss machen, Sachen packen. Morgen früh geht unser Flieger.

Ich vertraue Ihren Künsten, schreiben Sie ein schönes Exposé. Wenn Sie damit zufrieden sind, bin ich es auch.
Bis bald also, ich hoffe, Ihre Fernsehredaktion weiß, was gut ist!
Und ich hoffe, dass Sie mich nicht vergessen!

Betreff: Das große Krabbeln
Datum: 12.07.2012, 12:13:08
Lieber Herr Nowitzki,
wie könnte ich Sie vergessen?
Sie sind der erste Mann, der mir wie selbstverständlich einen Käfer von meinem Schlüsselbein geschnippt hat. Wenigstens haben Sie vorher noch „Darf ich?“ gefragt.
Ich bin vermutlich die erste Frau, die sich geradeso zurückhalten konnte, Ihnen eine winzige Spinne von Ihrer Glatze zu pusten. Ich habe es nicht getan, weil ich es in der Situation unangemessen fand. Tragen Sie die Spinne noch bei sich? Haben Sie das arme Tier gegen seinen Willen in den Westen entführt?
Und dann gab es noch diesen klitzekleinen Moment. Sie haben mir Ihr Buch gereicht und dabei mit Ihren Armhaaren ganz leicht meinen Unterarm gestreift. Eine Berührung so kurz wie ein Wimpernschlag. Vergessen habe ich sie nicht.
Ihre Frau Fröhlich

Betreff: Re: Das große Krabbeln
Datum: 12.07.2012, 12:24:09
Sie haben recht, ich habe seit zwei Tagen das Gefühl, eine Spinne auf dem Schlüsselbein mit mir herumzutragen und einen Käfer geschluckt zu haben. Das kann ich freilich auch nicht vergessen. Aber jetzt muss ich wirklich los, den Laptop zuklappen und ab in den Urlaub.
Ihr Tierfreund

* * *

✉ **Betreff: Herzliche Grüße**
Datum: 13.07.2012, 06:59:10
Sind Sie schon abgehoben? Oder stehen Sie noch mit beiden Beinen auf sicherem Boden? Wohin fliegen Sie in den Urlaub? Wohin muss ich Ihnen mein Herz nachschicken?

✉ **Betreff: Re: Herzliche Grüße**
Datum: 13.07.2012, 07:24:11
Ich nehme Ihr Herz mit nach Portugal. Und meines gehört Ihnen doch schon längst. ☺

✉ **Betreff: Böses Omen?**
Datum: 13.07.2012, 08:02:01
Ob es ein böses Omen ist, dass Sie mir Ihr Herz ausgerechnet an einem Freitag, den 13. in den virtuellen Briefkasten stopfen, es mir ausgerechnet heute servieren? Ich musste es herausholen, konnte nicht bis morgen damit warten. Ich bin nicht abergläubisch.
Ich mag Ihr Herz außen knusprig angebraten und innen medium.
Bis in drei Wochen! Denken Sie an mich! Ich denke an Sie. Bestimmt.
Guten Flug!

* * *

✉ **Betreff: Schlechte Nachrichten**
Datum: 06.08.2012, 09:00:02
Lieber Herr Nowitzki,
nun sind drei Wochen nach unserem gemeinsamen Fernsehdrehtag vergangen. Sie sind hoffentlich erholt aus Ihrem Familienurlaub zurück.
Es gibt schlechte Nachrichten. Die Redaktion hat unser Exposé für „Kleine Morde hinter der Mauer“ sehr gelobt, sich aber dennoch für das eines Kollegen entschieden.
Ihre Frau F.

Betreff: Re: Schlechte Nachrichten
Datum: 06.08.2012, 10:09:13
Liebe Frau Fröhlich,
ich bin untröstlich. Ich will, Sie wollen, aber der Sender ist gegen uns. Und nun? Müssen wir unseren privaten Kennenlerntermin verschieben. Ich weiß allerdings nicht, wann ich wieder in Leipzig oder in der Nähe von Leipzig sein werde. Darf ich Sie dann zum Essen einladen?
Untröstlich, Ihr Herr N.

* * *

Betreff: Warten bis zum jüngsten Tag?
Datum: 07.08.2012, 11:08:11
Lieber Herr N.,
ich werde mich jetzt weit vorwagen, auch auf die Gefahr hin, dass ich einen Korb von Ihnen bekomme. Ich möchte Sie unbedingt wiedersehen, Sie treffen. Und ich will nicht warten, bis Sie einmal wieder zufällig in der Gegend sind! Bis dahin könnten Lichtjahre vergehen. Ich habe einen Vorschlag: Wir treffen uns zwischen Leipzig und Bonn. Kassel liegt genau in der Mitte zwischen unseren beiden Städten. Das sind für jeden von uns etwa zweihundertundfünfzig Kilometer. Dort könnten wir:

A: Essen bei McDonald's,
B: über Meliorationsanlagen reden,
C: ein Picknick machen und uns berühren und küssen, bis wir wieder nach Hause müssen, oder
D: Wir haben uns geirrt, sehen uns an und gehen wieder unserer Wege. Das halte ich allerdings für unwahrscheinlich.

Ich bin natürlich für „B", ostdeutsche Ackerbewässerungsanlagen.
Und Sie?
Grüße aus Leipzig, Anna Fröhlich

✉ **Betreff: Re: Warten bis zum jüngsten Tag?**
Datum: 07.08.2012, 11:28:17
Liebe Frau Fröhlich,
für Sie fahre ich sogar nach Kassel. Kassel ist gut, sehr gut sogar. Und ich bin für „C“. Sie lieben es, mich auf den Arm zu nehmen, ich liebe es auch. Frau Fröhlich, ich bin verheiratet. Das wird ein *Abenteuer*. Über die Konsequenzen will ich gar nicht nachdenken. Ich bin keiner, der zweigleisig fährt. Aber dennoch will ich Sie treffen.
Grüße aus Bonn, Roger Nowitzki

* * *

✉ **Betreff: Chemieunfall**
Datum: 08.08.2012, 08:14:11
Guten Morgen nach Bonn,
wird es ein *schräges* Abenteuer? Herr Nowitzki, Sie machen mich glücklich! Sie ahnen nicht, wie sehr. Ich wusste, dass Sie kommen würden. Herr Nowitzki, ich muss gestehen: Ich bin wohl Opfer eines Chemieunfalls geworden. Was soll in den Picknickkorb hinein?
Ihre Frau Fröhlich

✉ **Betreff: Re: Chemieunfall**
Datum: 08.08.2012, 10:17:11
Was soll in den Korb? Obst und, ach, eigentlich ist es mir egal, ich vertraue Ihrem Geschmack. Immerhin haben Sie mir auf dem Fernsehdreh erzählt, dass Sie ein altes Saab Cabrio fahren. Das spricht für Ihren guten Geschmack.

✉ **Betreff: Aw: Chemieunfall**
Datum: 08.08.2012, 15:15:17
Sind Sie freischaffend? Wenn ja, dann gehe ich davon aus, dass Sie terminmäßig ebenso flexibel sind wie ich?
Anna Fröhlich

* * *

Betreff: Termin
Datum: 09.08.2012, 10:12:10
Ja, ich bin freier Autor, schreibe, wie ich will, mache das im Moment aber mit meinem Kollegen Oliver Richter zusammen. Wir teilen uns ein Büro. Wir haben den Auftrag, aus „Kleine Morde hinter der Mauer“ ein Drehbuch zu machen. Es soll in vier Wochen fertig sein. Deshalb bin ich im Moment nicht so frei in meiner Zeitplanung wie gewohnt. Vielleicht klappt es am übernächsten Donnerstag mit uns beiden?
Und was die Chemie betrifft, klar, das muss wohl so sein. An meinem Buch wird es kaum liegen, oder? Ich wäre wohl der Erste, der mit einem Krimi eine Frau … ja was eigentlich?

Betreff: Re: Termin
Datum: 09.08.2012, 10:14:15
Sitzen Sie?

Betreff: Aw: Termin
Datum: 09.08.2012, 10:15:18
Ja, immer noch am Schreibtisch.

Betreff: Klartext
Datum: 09.08.2012, 10:19:19
Lieber Herr Nowitzki,
ich bin für klare Worte. Ich glaube so wenig an spontane Liebe wie an die Wirkung von Globuli, aber ich befürchte, ich habe mich auf unserem Fernsehdreh direkt in Sie verknallt, gleich als ich Sie wartend mit Ihrem Buch in der Hand auf der Bank sitzen sah und obwohl wir noch kein Wort miteinander gewechselt hatten. Das Wort „verknallt“ klingt, als ob ich gerade im richtigen Alter für die Jugend-

weihe wäre, aber nicht so schwerwiegend wie „verliebt“. Für wen das von uns beiden schlimmer ist, vermag ich noch nicht zu sagen. Auf jeden Fall sollten Sie das wissen, bevor Sie mich treffen. Fühlen Sie sich umarmt.

***

✉ **Betreff: Du!**
Datum: 10.08.2012, 09:29:12
Meine liebe Frau Fröhlich, nach Deiner letzten E-Mail wäre es ziemlich albern, wenn ich Dich weiter siezen würde, oder? Ich hab nur wenig geschlafen, weil ich mir vorgestellt habe, wie ich mich fühle, wenn Du mich umarmst. Ich wünsche DIR einen wunderbaren Tag. Roger

✉ **Betreff: Du?**
Datum: 10.08.2012, 10:29:07
War mein „Du“ zu intim? Frau Fröhlich, ich wünschte, wir wären nicht durch so viele sinnlose Kilometer getrennt. Ich möchte Sie sehen und Ihnen zumindest die Hand schütteln!

✉ **Betreff: Re: Du?**
Datum: 10.08.2012, 10:32:19
Du wolltest ja damals vor der Wende unbedingt nach Bonn! Erzählst Du mir die Geschichte Deiner Flucht aus dem Osten? Ich habe davon in der Biografie in Deinem Buch gelesen.

✉ **Betreff: Aw: Du!**
Datum: 10.08.2012, 10:34:32
Ja, aber erst sagst Du mir, ob unser Fernsehbeitrag heute endlich gesendet wird.

✉ **Betreff: Flucht**
Datum: 10.08.2012, 10:37:11
Der Beitrag setzt bereits Schimmel an. Ich wünschte, er

würde endlich gesendet, dann wüsste ich wieder, wie Du aussiehst und wie Deine Stimme klingt. Erzähl mir trotzdem Deine Fluchtgeschichte, ja? Besonders interessiert mich, wie Du drüben Fuß gefasst hast. Ich nehme an, Du bist mit leeren Taschen geflüchtet, ohne Rollkoffer und Reiserücktrittsversicherung.

Betreff: Kellner mit Migrationshintergrund ✉
Datum: 10.08.2012, 11:15:03
Ich war zwanzig, als der Osten rebellierte. Ich hatte gerade meine Ausbildung als Wirtschaftskaufmann beendet. Du siehst, in der DDR war Wirtschaft auch ein Thema, auch wenn man das kaum glauben mag. Und Du siehst, ich habe einmal einen richtigen Beruf erlernt. Bevor ich Buchautor wurde, übte ich mich im Verwalten der Planwirtschaft.
Nun, die Aussichten auf eine lebenslange Beschäftigung als Wirtschaftskaufmann in einem sozialistisch geplanten Betrieb in Dresden und auf eine Plattenbauwohnung waren für mich nicht verlockend.
Immer mehr Kollegen und Bekannte flohen im Sommer 1989 in den Westen. Ich wollte nicht als Einziger zurückbleiben und das Licht ausmachen.
Über die Grüne Grenze sind wir geflüchtet, zu dritt.
Wir liefen über Feldwege und durch den Wald, wussten nicht genau, wo wir waren, bis wir in ein kleines Dorf gelangten. Wir stromerten durch die Gassen. In einem einzigen Haus brannte noch Licht. Wir klingelten dort, bei einem Elektromeister. Als er uns die Tür öffnete, blickte er uns an, als wären wir eine Erscheinung, als wären wir die Heiligen Drei Könige in Trainingsanzügen, die sich im Tag geirrt hatten. Ich hätte gern selbst in meinem Gesicht gesehen, was der Elektromeister sah. Wie schaut man drein nach einer gelungenen Republikflucht? Er bat uns herein, machte uns allen ein Bier auf und lauschte unseren Schilderungen. Er war so ergriffen, dass er uns für zwei

Nächte in einem Raum in seiner Werkstatt übernachten ließ. Danach hat er uns eine Übernachtung im nächsten Hotel gesponsert. Von da an mussten wir allein weiterkommen.
Ich fand natürlich keine Arbeit als ostdeutscher Wirtschaftskaufmann. Planwirtschaft war im Westen nicht angesagt. Ich hielt mich mit Kellnern über Wasser, während ich mein Abitur nachholte und in einer WG lebte. Die Jungs in der WG fanden es wohl exotisch, einen Ossi bei sich aufzunehmen, einen Wirtschaftskaufmann mit Migrationshintergrund. Auch in der Kneipe, in der ich mein Geld verdiente, war ich eine Attraktion. Immerzu wurde ich aufgefordert, ein paar Worte Sächsisch zu sprechen. Ich kann aber kein Sächsisch, bis heute nicht. Im Hause meiner Eltern wurde sauberes Hochdeutsch gesprochen, auch wenn das Haus in der Nähe von Dresden stand.
Zum Bücherschreiben kam ich wie die Jungfrau zum Kind. Ich hab schon immer nebenbei geschrieben und es einfach mal bei einem Verlag probiert. Geschrieben, eingereicht und fertig. Anfängerglück. Ich hatte sofort einen Fuß in der Tür und konnte mich voll aufs Schreiben konzentrieren.
Und nun bin ich seit dreiundzwanzig Jahren im Westen und begegne Dir, dem Schönsten und Besten, was meine alte Heimat für mich zu bieten hat.

✉ **Betreff: Respekt!**
Datum: 10.08.2012, 12:13:16
Du siehst mich beeindruckt, wirklich sehr sogar. Ich kam nie auf die Idee, die DDR zu verlassen. Ich war sechzehn, als die Mauer fiel. Ich habe die Wende „aktiv“ am Schwarz-Weiß-Fernseher meiner Eltern mitgestaltet. Dazu habe ich Erdnussflips gegessen.
Ich muss jetzt los. Wir können uns heute nur noch per SMS den Tag versüßen. Roger, ich verzehre mich nach Dir. Meine Fantasie ist so stark, dass ich manchmal das Gefühl

habe, Du wärest wirklich hier. Ich kann Dich spüren, fühlen, riechen, dabei sind wir uns nur einmal begegnet.

Betreff: geschafft! ✉
Datum: 10.08.2012, 20:57:00
Anna, heute hast Du es geschafft! Ich weiß jetzt schon nicht mehr, was ich geschrieben habe. Nur Deine Kurznachrichten geistern durch meinen Kopf und hinterlassen sehr plastische Bilder. Fast ist es so, als hätte ich Dich tatsächlich schon berührt, Deinen Mund an meinem Hals gespürt, meine Hände auf Deiner Haut, Dein Duft, der mich um den Verstand bringt. Wir kennen uns doch gar nicht! Aber wenn Post von Dir kommt, bekomme ich Herzrhythmusstörungen, und wenn nichts von Dir im Postfach ist, will mein Herz stehen bleiben. Warum ich, Anna? Ich bin ein langweiliger Familienvater. Eine gequälte, aber irgendwie total beglückte Seele.

* * *

Betreff: Herzstillstand ✉
Datum: 13.08.2012, 08:01:32
Mein Herz bleibt übrigens auch stehen, wenn nichts von Dir im E Mail Fach landet.

Betreff: Re: Herzstillstand ✉
Datum: 13.08.2012, 09:37:23
Entschuldige, ich komme gerade erst rein. Es war Wochenende, das heißt für mich Familienprogramm ohne E-Mail-Zugang.
Und ich war auf dem Weg ins Büro noch im Verlag, um mir noch ein paar Exemplare meines Buches abzuholen, die ich verschenken will. Das scheint mir überhaupt die einzige Möglichkeit zu sein, sie unters Volk zu bringen. Laut Verlag haben sich bis heute erst 1.988 Stück verkauft und da sind die fünf, die ich gerade geholt habe wahrscheinlich

schon dabei. Du und Deine Fernsehkollegen, Ihr hattet recht, die Kurzkrimis interessieren offensichtlich niemanden. Ich bin deprimiert.

✉ **Betreff: Aw: Herzstillstand**
Datum: 13.08.2012, 09:45:20
1.988! Das ist doch gut! Hast Du mehr erwartet? Ein Longseller, wie die Bibel einer ist, wird es freilich nicht werden, aber bestimmt auch kein Ladenhüter. Ich würde mich darüber freuen. Außerdem hat Dir das Buch dennoch etwas gebracht: Mich!

✉ **Betreff: Re: Herzstillstand**
Datum: 13.08.2012, 09:46:56
Du bist in der Tat unbezahlbar! So viel Schönes, Du, die Schönste, bist mir begegnet. Mir geht es schon wieder besser.

***

✉ **Betreff: ☹**
Datum: 14.08.2012, 08:31:20
Heute ist nicht mein Tag.
Anna

✉ **Betreff: Re: ☹**
Datum: 14.08.2012, 09:05:21
Was kann ich tun, um Deine Laune zu verbessern? Dir sagen, dass ich mehr an Dich als an meine Figuren aus dem Drehbuch denke? Dass ich mir vorstelle, wie Du durch Leipzig radelst, ich Dich sehe und denke, was für eine schöne Frau! Was trägst Du?

✉ **Betreff: Was trägst Du?**
Datum: 14.08.2012, 09:09:13
Oh nein, Roger, niemals diese Frage! Ich fühle mich nicht gut, wenn unsere Kommunikation abgleitet. Und außer-

dem habe ich eine negative „Was trägst Du?“-Geschichte hinter mir.
Hier ist sie: Ich hatte einmal einen Handwerker bei mir, die Dusche war kaputt. Er kam nach der Reparatur mehrfach zu mir und wollte mir einreden, dass er eine Zange in meiner Dusche vergessen habe. Ich verneinte, also rief er immer wieder bei mir an und fragte, was ich denn heute trage. Es war schlimm. Ein Freund half mir und ging ans Telefon: „Wenn du noch einmal anrufst, dann schneide ich ihn dir ab!“ Danach war Ruhe. Ich vergesse das nicht.

Betreff: Re: Was trägst Du?
Datum: 14.08.2012, 09:14:11
Davon hatte ich ja keine Ahnung, das tut mir sehr leid! Anna, ich liebe Deine Energie, Deine Ausstrahlung. Ist das besser?

Betreff: Fragen
Datum: 14.08.2012, 09:18:43
Ja, viel besser, Roger. Darf ich Dich etwas fragen? Ich meine, bevor wir uns treffen. Ich will noch einiges wissen.

Betreff: Re: Fragen
Datum: 14.08.2012, 09:20:00
Ja, Anna. Du darfst mich alles fragen. Nur zu!

Betreff: Aw: Fragen
Datum: 14.08.2012, 09:20:59
Wo und wie hast Du eigentlich Deine Haare gelassen? Ich habe noch nie einen Mann ohne Haare getroffen.

* * *

Betreff: Elbe-Nazi
Datum: 15.08.2012, 09:29:56
Mit fünfzehn hatte ich noch Haare. Wo heute meine Glat-

ze in der Sonne glänzt, wippten damals dunkelblonde Locken. Ich hatte sie mir abschneiden und die übrigen Stoppeln schwarz färben lassen. Übrig ließ ich einen kleinen, schmalen Zopf am Hinterkopf, der aussah wie ein Korkenzieher. Das war damals revolutionär, sah sicher albern aus und es provozierte meinen Klassenlehrer. Meine „Westler-Frisur" erschüttere die sozialistische Schule in ihren Grundfesten! Er hatte wohl zu viel Westfernsehen geschaut und die Haarmode des Klassenfeindes studiert. Er sorgte dafür, dass ich keine Zulassung zum Abitur bekam.
Starre und sinnlose Regeln fordern meinen Widerspruchsgeist heraus, dagegen kann ich nichts machen. Mit der Mauer fielen dann auch meine Haare, wobei da kein unmittelbarer Zusammenhang bestand.
Einmal wurde mir meine Glatze zum Verhängnis. Ich war auf „Heimaturlaub" in Dresden, kurz nachdem die Mauer gefallen war und ich dem Frieden langsam traute, fuhr ich zurück, um ein paar Sachen zu holen. Damals lieferten sich Linksautonome und Rechtsradikale, wir nannten sie „Antifas" und „Faschos", gelegentlich Kämpfe auf der Straße. Die Linken fürchteten wohl, dass die Nazis durch die Wiedervereinigung wieder Land gewinnen könnten. Deshalb wurden auch nicht in Rudeln auflaufende, einsam am Elbufer spazierende Männer mit Glatzen bereits als Bedrohung empfunden. Ich hörte die Antifas schon von weither grölen. Sie hatten Bier und Spaß und die Idee, einen freilaufenden, wenn auch nur vermeintlichen Fascho wie mich zu verprügeln, ihm auf die Glatze zu hauen. Panik machte sich in mir breit, als der Lärm immer näher an mein Ohr drang. Sie haben nicht versucht, sich leise anzuschleichen, nein, sie polterten von hinten an mich heran. Ich wusste, dass ich den Linken nicht zu erklären brauchte, dass meine Glatze nicht gewollt, sondern mir gegen meinen Willen einfach zugefallen war. Ich verspürte nackte Angst. In meiner Verzweiflung begann ich zu laufen, zu rennen. Die lallende Meute war erstaunlich fit, trotz Alko-

holkonsums oder gerade deshalb. Sie waren mir auf den Fersen, immer dichter. Ich hatte Angst um mein junges Leben.
Ich hatte Glück im Unglück, denn ich war auf der Uferseite unterwegs, von der aus man auf Dresdens prächtige Altstadt blicken kann. Die Uferseite, von der aus die Touristen bis heute die schönsten Postkartenfotos machen. Der Einstieg ins Wasser ist dort seicht, nicht steil und mit Mauern befestigt wie gegenüber.
In meiner Panik stürzte ich mich ins kalte Elbewasser. Es war furchtbar, denn es war Winter, trotzdem sprang ich. Das Ufer war steinig, Geröll. Ich stolperte in die Elbe und versuchte mich in Ufernähe treiben zu lassen, ich hatte Angst, von dem breiten Fluss erfasst und davongetragen zu werden. Aber alles war besser, als von besoffenen Linken aus Dummheit gekillt zu werden.
Damit hatten sie wohl nicht gerechnet. Ich trieb schnell einige hundert Meter voran. Die Antifas blieben grölend am Ufer stehen und freuten sich über meinen feuchten Abgang. Einen gefühlten Kilometer weiter konnte ich mich ans Ufer retten. Unversehrt. Mir war nur furchtbar kalt. Aber das war besser als alles, was mir bevorgestanden hätte, wenn ich nicht in die Elbe gegangen wäre.
„Oben ohne" zu leben war für mich also manchmal ein Problem. Jetzt nicht mehr. Was ist mit Deinem Haar? Ist das Rot echt?
Ich habe noch nie eine Frau mit roten Haaren getroffen.

* * *

Betreff: Re: Elbe-Nazi ✉
Datum: 16.08.2012, 08:31:54
Ja, meine Haarfarbe ist echt. Das Rot war durchaus konform mit der sozialistischen Gesellschaftsordnung. Als Kind wurde ich oft gehänselt. Man nannte mich „Pumuckl", wie den kleinen Kobold aus einer Kinderfilmserie,

oder „Duracell", wie die Batterie mit dem Kupferkopf. Die gab es in unseren dünn bestückten Geschäften im Osten freilich nicht zu kaufen, wie Du sicher noch weißt. Die Kinder hatten sich aber im Westfernsehen gründlich über die Produktvielfalt in unserem kapitalistischen Nachbarland informiert und sofort mit meiner Haarfarbe in Verbindung gebracht.
Meine Zulassung zum Abitur sollte aber nicht an Haarspalterei scheitern, sondern daran, dass ich mich weigerte, meinen monatlichen FDJ-Beitrag zu entrichten. Dreißig Ostpfennig waren mir schlichtweg eine zu große Investition in die Freie Deutsche Jugend.
Ich wurde bekehrt. Es wäre doch schade, wenn ein Arbeiterkind wie ich nicht studieren könne wegen dreißig Pfennigen.
Nach dem Abitur färbte ich meine Haare grün. In der Grünphase meines Lebens fühlte ich mich alternativ. Ich trug schwarze Lumpen und war militant gegen alles. Jetzt bin ich nur noch ich.
Nächste Frage: Rauchst Du? Ich nicht. Hier kommt meine Geschichte zum Rauchen: Ich hab es nur ein einziges Mal versucht. Eine Verzweiflungstat. Eine Geschichte, für die ich mich schäme, ich erzähl sie Dir trotzdem: Ich war schwer verliebt. Der Angebetete besuchte mich, um nie wiederzukommen, und er rauchte dabei. Das durfte er in meiner Nichtraucherwelt. Ich war so süchtig nach seinen Lippen, dass ich seine alten Kippen aufgeraucht habe, nachdem er weg war. Das ist peinlich. Es ist etwa fünfzehn Jahre her. Wie konnte ich mich nur so sehr erniedrigen. Ich habe nie wieder eine Zigarette angerührt und ihn auch nicht.

***

✉ **Betreff: Rauchen**
Datum: 17.08.2012, 10:00:12
Erniedrigt? Du hattest wenigstens ein romantisches Motiv.

Du bist sehr leidenschaftlich. Ich habe früher geraucht, und wenn ich keine Zigaretten mehr hatte, habe ich die Kippen aus dem Aschenbecher aufgeraucht. Einmal musste ich dafür sogar den Mülleimer entleeren. Wie kann man sich so erniedrigen? Später habe ich mich für diese Sucht gehasst. Meine letzte Zigarette habe ich zur Jahrtausendwende ausgedrückt. Und ich fange auch nicht wieder an zu rauchen. Du musst Dir also keine Sorgen machen, dass ich mich gehen lasse, wenn wir zwei an einem öffentlichen Aschenbecher vorbeikommen. Schreib mir bitte weiter Geschichten aus Deinem Leben. Ich will alles wissen!

Betreff: Bravo! Schlagen! ✉
Datum: 17.08.2012, 11:13:10
Ich war geschäftstüchtig und kleinkriminell. An unserer sozialistischen Schule blühte der Schwarzhandel mit abfotografierten Bildern aus dem kapitalistischen Ausland, genauer gesagt waren die Fotos aus der „Bravo". Ich muss Dich jetzt nicht fragen, ob Du diese Jugendzeitschrift noch kennst, oder? Die weisen Ratschlage des Dr.-Sommer-Teams waren uns doch allen sehr wichtig. Mein Opa hatte ein kleines mobiles Fotolabor. Immer wenn Filme zu entwickeln waren, hat er es in Omas Küche aufgebaut. Wir haben zusammen die Stars meiner Jugend abfotografiert und auf Fotopapier entwickelt. Die „Bravo" war ein rares Gut. Also verkaufte ich die Fotos von den Star-Postern für ein paar Ostmark. Ich durfte mich freilich nicht erwischen lassen. Ich wäre mit Sicherheit beim Schulappell getadelt worden und hätte niemals die Lessing-Medaille für gute schulische Leistungen verliehen bekommen.
Was machst Du mit meinen Geschichten? Ich erlaube Dir, aus allem, was wir schreiben, ein Buch zu machen. Ich hätte nur gerne einen anderen Namen. Schon deshalb, weil ich einmal einen Mann geschlagen habe. Das solltest Du vielleicht wissen, bevor wir uns treffen. Er hat mich so gereizt und geärgert, dass ich meiner Wut freien Lauf

ließ. Es war in einer Disco in Leipzig. Ich habe ihm ins Gesicht geschlagen. Ein guter Schlag, er kam direkt aus der rechten Schulter, voller Körpereinsatz. Mein Opfer flog nach hinten in die Massen und sein Freund bewahrte ihn vor meiner nächsten Attacke. Mir ging es danach sehr gut. Manchmal muss man machen, wonach einem der Sinn steht. Das befreit. Wir waren danach noch zwei Jahre zusammen. Ein kleiner Schlag wirkt manchmal Wunder.
Dich aber küsse ich, Dich schlage ich nicht.
Deine Ex-Schlägerin

✉ **Betreff: Re: Bravo! Schlagen!**
Datum: 17.08.2012, 12:00:00
Vor Deinen Schlägen habe ich keine Angst, Anna, eher vor Deiner möglichen Zärtlichkeit und was sie in mir auslösen könnte.
Ich muss für heute Schluss machen, das Wochenende steht vor der Tür, ich muss nach Hause. Am Montag bin ich wieder voll für Dich da. Bis dahin hoffe ich, dass ich Dir wenigstens zwischendurch eine SMS schicken kann.
Darf ich Dich auch küssen, Anna?
Roger

✉ **Betreff: Aw: Bravo! Schlagen!**
Datum: 17.08.2012, 12:02:08
Ja, Roger, Du darfst mich Küssen. Seit Wochen träume ich davon. Fühl Dich zart angeatmet, an Deinem Hals rechts.
Bis Montag!

* * *

✉ **Betreff: Schlagende Argumente**
Datum: 20.08.2012, 10:13:09
Guten Morgen, da bin ich wieder und ich habe schlagende Argumente für Dich.
Mir ist einmal die Hand ausgerutscht. Ich war 17 oder 18

und fest davon überzeugt, dass meine erste, echte Freundin mich betrügt. Ich hatte meine Informationen. Es geschah auch nach einem Discoabend in einem Jugendclub in Dresden. Sie war schon im Club und wir hatten die Absprache, dass der Erste, der im Club ist, dafür sorgt, dass der andere am Türsteher vorbeikommt. Ich sah ihr Gesicht einige Male hinter der Scheibe, aber nichts geschah. Als ich es endlich allein geschafft hatte hineinzukommen, war ich schon so sauer, dass ich zur Beruhigung einige doppelte Wodka-Cola trank. Der Alkohol, das Gerücht, sie würde mich betrügen, und ihr Verhalten an der Tür. Ich war in einem Tunnel, wollte mich prügeln, aber keiner nahm das Angebot an, wahrscheinlich, weil ich schon so jämmerlich wirkte. Ich stellte sie auf dem Weg nach Hause zur Rede. Sie log, sagte, sie hätte mich vor der Tür nicht gesehen, da gab ich ihr eine Ohrfeige. Klatsch!
Ich fühlte mich so schlecht. Frauen schlagen macht nicht frei. Sie hat mir verziehen und wir waren noch einige Monate ein Paar. Und heute gratulieren wir uns immer noch gegenseitig zum Geburtstag.

Betreff: Re: Schlagende Argumente ✉
Datum: 20.08.2012, 10:33:39
Ich kenne die brennende Eifersucht, die Du beschreibst, die auch mich zum Rasen bringt. Dennoch, Frauen schlagen ist wirklich schwach. Es sei Dir verziehen, Du warst ja noch so jung.

* * *

Betreff: Herkules ✉
Datum: 21.08.2012, 07:59:00
Guten Morgen, Roger! Was für eine Nacht heute. Ich war bei Dir im Jugendclub in Dresden. Du hattest damals schon eine Glatze, aber ich trug meine typische Achtzigerjahre-Dauerwelle mit viel Würde.

Was sagt Dein Terminplan, Roger? Bleibt es bei übermorgen?
Wird das der Tag sein, an dem Du die falsche Frau triffst, einen Tag lang die Rolle in einem Liebesfilm spielen darfst, bei vollem Bewusstsein in einen Jungbrunnen stürzen darfst, einen Tag ein anderes Leben führen darfst und einmal in meinem Cabrio mitfahren darfst?
Die Adresse für Dein Navigationsgerät heißt: Schlosspark in Kassel-Wilhelmshöhe. Dort steht die berühmte Herkules-Statue, das Wahrzeichen der Stadt Kassel. Sollte ich eine Sprechblockade bekommen, wenn wir uns begegnen, dann verliere keine Sekunde, küss mich einfach.

✉ **Betreff: Re: Herkules**
Datum: 21.08.2012, 09:34:09
Meine liebe Anna,
ich muss Dich enttäuschen, es sieht nicht gut aus für unser Treffen. Wir kommen mit dem Drehbuch nur langsam voran.
Anna, können wir uns nur in dieser Woche sehen? Wir müssen uns treffen, uns in die Augen schauen, riechen, sanft fühlen, küssen und gespannt die chemischen Reaktionen beobachten. Aber ich will mich Dir ganz widmen und jeden Augenblick genießen, ohne Gedanken an die Arbeit.
Ich muss schon vergessen, dass ich verheiratet bin.
Ist unser Zeitfenster so klein? Darf ich nur bis Donnerstag in Deinem Cabrio mitfahren? Das kann nicht sein. Das darf nicht sein. Hält die Spannung zwischen uns noch ein paar Tage länger, meine Anna?

✉ **Betreff: Aw: Herkules**
Datum: 21.08.2012, 09:36:02
Dein Zeitfenster ist so weit auf, wie Du es zulässt.

✉ **Betreff: An Dich denken**
Datum: 21.08.2012, 09:40:07

Roger? Wusstest Du schon, dass ich, seit wir den Fernsehdrehtag zusammen verbracht haben, so viel Sex habe wie seit Jahren nicht mehr? Mit mir selbst natürlich. Ich denke einfach an Dich dabei.
Roger?

Betreff: Re: An Dich denken ✉
Datum: 21.08.2012, 09:41:30
Anna! Was schreibst Du mir? Himmel! Ich schnappe immer noch nach Luft. Oliver denkt, ich hätte einen Asthmaanfall. Ich möchte Dich jetzt küssen, Dich berühren und jetzt klingelt unser Chef. Meine roten Wangen habe ich nur von der Hitze. Du bringst mich um den Verstand, Anna, ich weiß es, aber ich will mich nicht mehr dagegen wehren. Ich denke an Dich, nein, ich arbeite erst, dann denke ich an Dich. Oder, ach!

Betreff: Aw: An Dich denken ✉
Datum: 21.08.2012, 09:44:07
Irgendwann, lieber Roger, wenn wir uns gesehen haben und uns noch viel mehr nacheinander verzehren, dann schreibe ich Dir genau, WIE ich es mache, wenn Du nicht bei mir bist. Was ist nun mit dem Donnerstag? Sag mir einfach ganz konkret ab oder zu. Ich bin ein Freund klarer Ansagen, auch wenn Träume platzen. Anna

Betreff: Absage ✉
Datum: 21.08.2012, 18:03:09
Okay, Anna, ganz konkret und mit blutendem Herzen, ich kann Dich diese Woche nicht treffen. Wir müssen das Drehbuch fertig schreiben. Aber sobald wir fertig sind, bin ich zeitlich wieder flexibler und vielleicht ganz schnell in Kassel. Wenn Du dann noch willst.
Bis dahin schaue ich mir Deine Fernsehauftritte in der Dauerschleife in der Mediathek Deines Senders an und verzehre mich dabei nach Dir.

Ich bin verrückt, weil ich Dich sehen will, und ich wäre verrückt, wenn ich es nicht wöllte. Klingt das zu geschwollen?

✉ **Betreff: Re: Absage**
Datum: 21.08.2012, 18:04:34
Nun ist mein Herz stehen geblieben.

✉ **Betreff: Aw: Absage**
Datum: 21.08.2012, 18:05:12
Wie kann ich es von Bonn aus wieder beleben?

✉ **Betreff: Re: Absage**
Datum: 21.08.2012, 18:06:00
Tot ist tot. Hinter der Mauer ermordet.

✉ **Betreff: Aw: Absage**
Datum: 21.08.2012, 18:08:23
Aber Dein Humor lebt. Es besteht also Hoffnung. An die möchte ich mich klammern.

* * *

✉ **Betreff: Rückzieher und Rückzug**
Datum: 22.08.2012, 08:58:22
Ich bin enttäuscht in mein Schneckenhaus zurückgekrochen, gehe nicht vor die Tür. Draußen könnte ein Mann stehen, der mir die Realität vor den Kopf knallt. Es regnet ganz leise und der Boden ist nass, auch von dem Löschwasser, was Du über mir ausgeschüttet hast. Ich gucke aus dem kleinen Fenster und sehe: Tief im Westen wird gemordet.

✉ **Betreff: Re: Rückzieher und Rückzug**
Datum: 22.08.2012, 10:12:12
In Bonn reißt der Himmel auf. Nur ein Stück, aber das wenige Licht lässt die Hoffnung auf einen Sommer am Le-

ben. Ich dachte schon, ich hätte Dich für alle Zeit verloren. Ich vermisse Dich.

* * *

Betreff: Signal
Datum: 23.08.2012, 11:11:12
Mein verehrter, weit entfernter, virtueller Mann!
Du fehlst mir auch. Es macht mir Spaß, Dir zu schreiben. Wir haben beide eine blühende Vorstellungskraft. Es ist nicht schlimm, dass Du kneifst. Plötzliche Skrupel? So etwas darf jeder Mann genau einmal mit mir machen. Was mich beschäftigt, ist ein anderes eindeutiges Signal, das ich zwischen den Zeilen vernommen habe. Es zeigt, welche doch recht geringe Wertigkeit Du unserem „Chemiebaukasten" beimisst. Ich weiß, er ist nur ein Spielzeug, aber man kann damit viel anrichten. Du hast keinen neuen Terminvorschlag geschickt, hast mich nur auf Deine „Vielleicht-und-Irgendwann"-Liste gesetzt. Das ist kein Kompliment für mich, eher eine Beleidigung. Und eigentlich verbietet mir nun mein Stolz, Dir noch zu begegnen, auch wenn ich mir nichts mehr wünsche als das. Sag mir, dass meine Interpretation falsch ist! Aber lüg nicht!

Betreff: Re: Signal
Datum: 23.08.2012, 14:16:10
Meine liebe Anna, zwischen den Zeilen stand nichts dergleichen. Ich schätze Dich über die Maßen, es liegt mir vollkommen fern, Dich beleidigen zu wollen. Verzeih mir, wenn das so angekommen ist. Du hast natürlich recht, ich habe keinen neuen Termin vorgeschlagen. Ich weiß es einfach noch nicht, weil ich mit Arbeit bis unters Dach voll bin. Ohne diese Entfernung hätte ich doch schon längst unter Deinem Fenster gesungen. Klar, vielleicht glaubst Du, ich wäre nur an der Tastatur ein Held, der vom Schreibtisch aus alles Mögliche behauptet und verspricht. In dieser

Woche kann ich Dir leider nicht das Gegenteil beweisen und einen neuen Termin kann ich noch nicht versprechen. Denn wenn der platzt, platzt auch der Traum vom Picknick. Es war keine Ausrede, kein Kneifen. Ich muss Abgabetermine einhalten und kann meinen Kollegen nicht hängen lassen. Ach, keine Ahnung, ich bin traurig, glaub mir oder schieß mich auf den Mond.

***

✉ **Betreff: Chemiebaukasten**
Datum: 24.08.2012, 09:06:10
Ich bin ein ungeduldiger Mensch. Ich bin aber immer noch für Dich da, obwohl ich finde, dass Du meine Geduld schon arg strapaziert hast. Aber dank meines Mitbewohners habe ich Nerven wie Drahtseile entwickelt. Nun was soll ich sagen? Mond klingt nicht schlecht, er ist aber noch weiter weg als Bonn! Ist seine Atmosphäre so beschaffen, dass ich Dich dort singen hören könnte?
Ich stelle mir lieber vor, dass ich Dich umarme und ganz fest zudrücke, meine Lippen an Deinen Hals presse und kurz hineinbeiße. Ich darf Deine Armhaare streicheln und Dir ins Gesicht sehen, bevor ich Dich küsse. Es misslingt erst, weil ich so lachen muss. Aber beim zweiten Anlauf klappt es. Ich darf mit meinen Händen unter Dein T-Shirt fahren und erkunden, was ich finde, und es fühlt sich alles bestens an und ich habe Käfer im Bauch. Ich will einfach nur nach hinten umfallen und unseren Chemiebaukasten aufmachen und alles ausbreiten, was darin für uns bereitliegt.
Anna

✉ **Betreff: Re: Chemiebaukasten**
Datum: 24.08.2012, 11:26:16
Nur kurz, weil unterwegs. Du machst mich glücklich! Anna, ich bin in Gedanken bei Dir.
Mitbewohner?

Betreff: Betreutes Wohnen ✉
Datum: 24.08.2012, 13:21:19
Ja, es gibt einen Mann in meinem Leben, der mir die Nerven raubt. Du kennst ihn. Er heißt Klaus Kleemann. Er hat Dich gefilmt, der Mann hinter der Kamera. Wir waren über fünf Jahre lang ein Paar. Kurz bevor Du aus Deinem Urlaub zurückkamst, habe ich mich von ihm getrennt. Du warst der Anlass dafür, nicht der Grund. Wir waren schon seit Jahren „nur" Freunde. Ich habe Lust, ihm seine Umzugskisten zu packen. Er hat es nicht eilig damit. Aber er weiß auch nicht, dass ich Männer schlage.

Betreff: Re: Betreutes Wohnen ✉
Datum: 24.08.2012, 13:29:15
Ja, ich erinnere mich gut an Deinen Kameramann. Er war mir sympathisch. Eher der zurückhaltende Typ, oder? Bei Deinem Temperament ist das keine schlechte Kombination.
Die Wohnsituation ist natürlich anstrengend. Hast Du ihn denn schon in aller Deutlichkeit darum gebeten auszuziehen? Männer verstehen in solchen Dingen nur Klartext. Ich schließe mich da ein. Ist eure Trennung denn endgültig? Wenn Dir das zu intim ist, dann streich diese Fragen einfach aus Deinem Gedächtnis. Es ist eine Sache, erotische SMS zu verschicken – Du solltest einen sinnlichen Roman schreiben, bitte! Und die andere Sache ist es, über echte Gefühle zu schreiben, sich wirklich zu öffnen. Du warst schon sehr offen zu mir, ich danke Dir für Dein Vertrauen.

Betreff: Aw: Betreutes Wohnen ✉
Datum: 24.08.2012, 13:32:19
Was für eine Frage! Natürlich ist die Trennung endgültig. Was denkst Du von mir? Ich kann meine Gunst nur einem schenken. Der bist Du. Alles andere wäre für mich Betrug. Und für mich sind meine erotischen SMS an meine Gefüh-

le für Dich geknüpft. Ich trenne nicht zwischen ihnen und dem Vertrauen, was ich Dir entgegenbringe. So wie es dort geschrieben steht, wird's am Ende gemacht, das sind nicht bloß unmögliche Fantasien für mich.
In diesem Sinne! Dein Familienwochenende steht bevor. Ich ziehe meine Fühler ein und mich selbst in mein Häuschen zurück. Bis Montag!

* * *

✉ **Betreff: Ausritt**
Datum: 27.08.2012, 09:33:16
Guten Morgen, Du Schöne, heute Morgen im Dämmerzustand zwischen Traum und Erwachen habe ich Dich zum Reiten begleitet. Du hattest mir auf unserem Drehtag erzählt, dass Du ein Pferd hast.
Die Sonne schien in Leipzig genauso wie heute in Bonn. Wir redeten nicht viel, ich war zufrieden, an Deiner Seite zu sein, Dich im Profil zu beobachten, wie Du Deinen Wagen zum Ziel lenkst.
Du gehst sehr liebevoll und souverän mit Deinem Pferd um. Vorsichtig führst Du es aus seiner Box, streichelst über seinen Hals und steigst in flüssigen Bewegungen auf seinen Rücken. Bewundernd blicke ich zu Dir hinauf, Du schenkst mir ein kurzes Lächeln, dann reitest Du aufrecht davon. Es ist schön, Dir einfach nur zuzusehen.

✉ **Betreff: Hallo?**
Datum: 27.08.2012, 09:56:34
Anna? Wo bist Du denn? Ich habe seit Freitagabend aller zwei Minuten mein Handy kontrolliert, ob Du nicht doch eine SMS schickst. Ich bin süchtig und mein Stoff heißt Anna.
Drei Nächte kalter Entzug liegen hinter mir. Ich will mehr von Dir lesen, ich liebe Deine Geschichten. Ich bin ja heute Morgen richtig schwärmerisch. Im Horoskop stand,

ich soll meine Gefühle ausleben. Also mache ich das zumindest schriftlich. Ich will Dich sehen, wir kriegen das hin. Ich will wissen, ob das Feuer nur im virtuellen Raum brennt oder auch an der Luft. Was machen wir, wenn wir nur eine Knallgasprobe hinbekommen? Nichts, jeder zieht seines Weges und wärmt sich ab und an an einer alten E-Mail, wie an einem guten Buch.

Betreff: Knallgasprobe ✉
Datum: 27.08.2012, 10:59:58
„Knallgasprobe“ trifft den Kern der Sache. Ich bin „verknallt“, wie eine Sechzehnjährige. Und ich wärme mich schon jetzt an unseren alten E-Mails. Ich befürchte, mit einem Atemzug heißer Luft kommst Du nicht davon. Es wird großartig werden, wenn wir uns sehen.
Hast Du drüber nachgedacht, was wir hier eigentlich tun? Steigern wir uns in etwas hinein? Erschaffen uns künstliche Welten im Kopf? Wir haben uns doch nur ein einziges Mal dienstlich gesehen. Sind wir nichts als erotische Angriffsfläche? Habe ich mich in ein E-Mail-Phantom verliebt? Wir sind optisch kein schönes Paar. Ich bin eine Nummer zu groß für Dich, wenn ich Schuhe anhabe. Ich trage eigentlich immer Absatzschuhe. Wir sehen also nur im Liegen zusammen gut aus.
Ich warte dennoch auf Dich.
Wann ist endlich unser Tag?

* * *

Betreff: Größe ✉
Datum: 28.08.2012, 10:59:45
Ich frage mich ständig, was wir hier eigentlich treiben und warum? Wir hatten einen gemeinsamen, beruflichen Tag. Ich habe mich darüber gefreut, dass mir der Sender eine schöne und dazu noch witzige, kluge Reporterin schickt. Die Zusammenarbeit war locker. Und dann? Was ist pas-

siert? Deine erste E-Mail, der unterschwellige Ton unserer Konversation, die Spannung, der Spaß dabei, das Spiel. Und jetzt? Ist es immer noch ein Spiel, ein intensiveres Spiel, der Einsatz ist höher. Wir können uns gegenseitig enttäuschen. Über mögliche Folgen will ich noch gar nicht nachdenken. Mache es natürlich trotzdem. Wir müssen uns sehen, um das hier zu beenden oder etwas anderes daraus zu machen. Nur was? Ich kann meine Familie nicht verlassen. Klinge ich wie ein jämmerlicher Fremdgänger? Der bin ich nicht, ich fahre nicht auf mehreren Gleisen. Warum will ich Dich dann sehen? Es ist kompliziert, es ist schön, es ist anstrengend, es ist aufregend und ich kann jetzt nicht aufhören, an Dich zu denken.
Wie groß bist Du denn? Bin ich so viel kleiner als Du? Das ist mir gar nicht aufgefallen – das liegt an meiner permanenten Selbstüberschätzung. Ich bin einen Meter und siebenundsiebzig, ein winziger Absatz darf also sein, beim Sturz in den Abgrund der Leidenschaft!

✉ **Betreff: Verderben**
Datum: 28.08.2012, 11:07:56
Wir rennen ins Verderben Roger, es wird großartig!

* * *

✉ **Betreff: Es ist so weit!**
Datum: 29.08.2012, 11:58:55
Eine Antwort! Es ist schon fast Mittag, ich war schon auf Anna-Entzug. Ich bin durcheinander und das liegt nicht am anstrengenden Wochenende, sondern an Dir. Am Auf und Ab der Gefühle, die nicht unterscheiden zwischen virtuell und real. Ich freue mich, wenn Du mir schreibst, und ich habe die ganze Zeit Sehnsucht danach.
Verderben? Nein, nicht bevor wir uns nächste Woche am Herkules gesehen haben. Ich schlage den Dienstag vor. Du willst den echten Nowitzki? Du sollst ihn haben. Ich

bin grad in Cowboystimmung, um mir Mut zu machen. Ich werde Dich küssen und dann sofort in Ohnmacht fallen, weil es wirklich passiert und mein pulsierendes Blut nicht mehr für meinen Kopf reicht. Ich lege mich dann kurz auf den Boden, und wenn ich wieder zu mir komme, möchte ich in Deine Augen sehen.
Ich kann mich nur nicht erinnern, welche Farbe sie haben.

Betreff: Re: Es ist so weit! ✉
Datum: 29.08.2012, 12:03:52
Und ich dachte, Dein Entzug ist nicht so schlimm wie meiner. Ich hasse diese emotionale Abhängigkeit und diese Verlustangst. Manchmal befürchte ich, dass wir uns nie wiedersehen könnten.
Du bist mutig heute, mein Herz galoppiert. Ja, Dienstag, der 4.9. ist gut. Und bitte: Fang nicht wieder zwei Tage vor unserem Termin damit an, mich schonend darauf vorzubereiten, dass es nicht klappt.
Ich habe grüne Augen, passend zu meinen roten Haaren. Du hast blaue Augen. Klingt das kitschig!

Betreff: Aw: Es ist so weit! ✉
Datum: 29.08.2012, 13:03:18
Ich habe ein großes Chaos im Kopf, aber ich bin wild entschlossen, in Deine grünen Augen zu sehen. Damit ist unser Treffen beschlossene Sache. Jetzt widme ich mich konzentriert meiner Arbeit und ich bitte Dich, mich mit erotischen Anspielungen aller Art zu verschonen. Du wirst Dich doch daran nicht halten, oder? Noch eine knappe Woche, Anna, dann sind wir schlauer.

* * *

Betreff: Für Dich ✉
Datum: 30.08.2012, 10:00:52
Endlich, noch sechs Tage! Dann haben wir uns.

Für Dich: Meine Lippen werden Dich ganz fest umschließen, meine Zunge, begleitet von meinem heißen Atem, macht sich auf den Weg. Sie schaut sich um, macht kleine Striche, Kreise und sie stupst ganz zärtlich nach. Meine Lippen passen auf, dass Du nicht frierst. Du zuckst. Du musst stillhalten, sonst wird das nichts. Ich muss Dich ein wenig festhalten, damit Du mir nicht entwischst. Und bevor Du explodierst und nicht mehr Herr Deiner Sinne bist, erlöse ich Dich von den Höllenqualen und küsse mich nach oben zu Deinen Lippen, vorher schaut meine Zunge noch nach, ob Du Dir Deine Ohren gewaschen hast. Ich küsse Dich. Wonach schmecken wir? Wie war ich?

✉ **Betreff: Re: Für Dich**
Datum: 30.08.2012, 10:05:59
Du warst grausam! Wir schmecken nach Parfüm, nach Salz und nach mehr.
Hätte ich gewusst, welches Parfüm Du benutzt, wäre ich heute in die Parfümerie gegangen und hätte geschnüffelt. Ich bin mir sicher, meine Lippen, Hände und meine Zungen können Dich auch überraschen. Wirf bei der Fahrt nach Kassel bitte einen Blick auf Deinen Beifahrersitz. Nächste Woche möchte ich dort Platz nehmen. Wenn Du kuppelst, rutscht Dein Kleid ein kleines Stück über das Knie. Ich muss immer hinsehen. Es tut mir leid, ich muss dieses Stück Haut einfach anfassen, überlege sogar, ob ich es küsse, aber während der Fahrt geht das nicht. Ich lege dafür nur kurz meine Hand auf Deine, wenn Du schaltest, und streichle einmal den Arm hinauf.

✉ **Betreff: Zungen**
Datum: 30.08.2012, 10:09:23
Du hast nicht mit meiner Automatikschaltung gerechnet. Ich muss weder kuppeln noch schalten, deshalb habe immer eine Hand frei für meinen Beifahrer.
Wie viele Zungen hast Du denn?

Betreff: Re: Zungen
Datum: 30.08.2012, 10:13:33
Okay, erwischt, Frau Journalistin, ich habe nur eine Zunge. Und die freut sich schon darauf, mit Deiner zu spielen, über Deinen Körper zu wandern, in Deiner Achsel zu kitzeln und über die Zartheit Deiner Haut an den Innenseiten Deiner Oberschenkel zu jubilieren.
Anna, wo habe ich nur meinen Kopf? Ich hoffe, bald ganz nah bei Deinem und jetzt leider bei der Arbeit.

* * *

Betreff: Bin ich krank?
Datum: 31.08.2012, 14:02:22
Anna, ich schreie Deinen Namen in den Himmel. Aaaaannaaaaa! So bald wir uns schreiben schnellen die Emotionen hoch, die Erregungsstufe steigt jedenfalls bei mir Richtung Schnappatmung. Was ist das, Anna? Ich fahre am Dienstag wirklich nach Kassel. Ich kann es selber kaum glauben, zu einer Frau, die mir nur einmal begegnet ist, der ich aber jeden Tag schreibe, an die ich dauernd denke, obwohl ich sie nicht kenne. Liegt es daran? Macht das den Reiz unserer „Brieffreundschaft" aus? Steigert die Unmöglichkeit des schnellen Treffens die Hitze? Ich muss jedenfalls während wir E-Mails schreiben immer öfter ganz tief durchatmen oder mir kaltes Wasser ins Gesicht spritzen. Das ist doch nicht normal. Jetzt denke ich wieder an Deine Lippen, kann Dich fast körperlich spüren, obwohl ich doch noch gar nicht weiß, wie Du Dich anfühlst. Und wenn ich daran denke, zerreißt mich das Verlangen Dich anzufassen, zu spüren, zu riechen und zu schmecken schier. Chef ruft an. Buchbesprechung.

Betreff: Diagnose
Datum: 31.08.2012, 14:52:28
Meine Diagnose ist folgende: Du bist verliebt, genau wie

ich. So einfach ist das! Gesteh es Dir ein. Ich habe mich damit abgefunden, dass ich in einen verheirateten Mann verliebt bin.

✉ **Betreff: Diagnose/Zweite Meinung einholen?**
Datum: 31.08.2012, 15:30:24
Du schreibst, ich sei verliebt. „Find Dich damit ab." Das schreibst Du ganz locker. Ich bin verheiratet! Du haust mir nicht nur Witze, sondern auch die Wahrheiten um die Ohren. Aber kann das denn stimmen? Kann man sich beim Schreiben und vor allem beim Lesen von E-Mails verlieben? Oder war mein Gedanke beim Fernsehdreh, Deine nackten, sonnengebräunten Oberarme zu berühren, ganz kurz nur zu streicheln das Saatkorn, das dann aufging? Oder Dein Lachen, Du hast mich auch damals schon auf den Arm genommen. Anna, was wird das für ein Tag, der Dienstag. Du kannst mir glauben, so schwärmerische E-Mails habe ich schon sehr lange nicht mehr geschrieben. Eigentlich noch nie. Denn als ich das letzte Mal verliebt war, war die E-Mail noch nicht erfunden oder besser gesagt noch kein Kommunikationsmittel für Otto Normalverbraucher. Halt mich jetzt fest, nur einen Moment. In wen habe ich mich da bloß verliebt?

✉ **Betreff: Re: Diagnose/Zweite Meinung einholen?**
Datum: 31.08.2012, 15:37:26
Ja, ich halte Dich fest, ganz fest.
Dass Du verliebt bist, wusste ich schon weit vor Dir. Sonst hätte ich mich nicht so weit vorgewagt und Dir ein Treffen in Kassel vorgeschlagen, aus Angst vor einem Korb. Ich für mich kann nur sagen: Zwei Tage nach dem Fernsehdrehtag und nach einem Traum, der Beweis dafür war, dass Du Dich bereits in mein Unterbewusstsein eingeschlichen hattest, habe ich aufgegeben, mich dagegen zu wehren. Ich mag Deinen Humor und Dein Gesicht, Deine Stimme, Deine Armhaare. Ich brenne darauf, Dich endlich anzu-

fassen. Und ja, das gibt es: Blitzliebe. Und Du bist nicht der erste verheiratete Mann, der vom Blitz getroffen wird. In wen Du Dich verliebt hast, musst Du selbst herausfinden. In was Du Dich verliebt hast, kann ich Dir sagen: Ich bin einen Meter und fünfundsiebzig groß, trage Kleidergröße 38, Schuhgröße 38,5 und mein Gewicht willst Du nicht wissen. Bis bald, Verehrter! Das meine ich wörtlich.

* * *

Betreff: Glückstreffer ✉
Datum: 01.09.2012, 19:56:29
Die Acht ist meine Glückzahl, hoffe ich. Heute ist Samstag, ich bin trotzdem im Büro. Ich arbeite vor, muss schnell nur dem Drang nachgeben, Dir zu schreiben, Dir dadurch nahe zu sein, und vielleicht heute noch eine Antwort zu bekommen. Ich glaube, ich weiß, wie Du bist. Du bist klug, sehr klug, neugierig, impulsiv, brauchst immer wieder neue Reize und Herausforderungen, bist offen, aber auch ein wenig misstrauisch, noch lange nicht am Ende Deiner beruflichen Möglichkeiten. Du hast Power und Geschmack, bist zielstrebig, charmant, wenn Du willst, lässt Dir die Butter nicht vom Brot nehmen, arbeitest hart, würdest auch auf einer großen Bühne eine gute Figur machen, kannst Männer um den Finger wickeln, hast echten Witz, der grundsätzlich nicht so häufig vorkommt, singst, liebst Musik und ein Pferd. Du kannst also nur ein guter Mensch sein. Jetzt sag nicht, dass ich mir das alles nur einbilde.
Fass mich an, Anna. Streichle mein Gesicht, über meinen Kopf. Gute Nacht!

Betreff: Chemie ✉
Datum: 01.09.2012, 20:45:13
Vergiss eins nicht: Wir sind nur Opfer von Chemikalien, Hormonen, Pheromonen, ein Chemieunfall. Zur falschen Zeit am falschen Ort, zu viel Sonne, wir gefallen uns. Ich

habe aber immer vor Augen, dass Du verheiratet und unerreichbar bist. Es ist mir egal.

✉ **Betreff: Das (letzte) Wort zum Sonntag**
Datum: 01.09.2012, 20:58:14
Ich komme mit dem Zug. Ich stelle mir vor, dass wir von diesem Bahnhof in Kassel wegmüssen, denn der Typ auf dem Bahnsteig beobachtet uns schamlos, weil wir uns küssen ohne scheinbar Luft holen zu müssen. Das brauchen wir nicht, wir beatmen uns gegenseitig, meine Haut brennt, wo Deine Finger sie streifen, meine Hand fährt unter Dein Kleid, Du bist wie Seide, so zart, ich beiße in Deinen Hals, muss mich zügeln, finde wieder Deine Lippen, will in Deinem Ausschnitt verschwinden und nie wieder auftauchen. Bitte, lass uns endlich hier verschwinden. Noch nie war mir eine Picknickdecke das Paradies!

* * *

✉ **Betreff: Kalte Füße?**
Datum: 02.09.2012, 10:30:09
Verehrter, bist Du noch da? Es ist so ruhig heute im Mailkörbchen. Weil Familienwochenende ist? Das Sonntagsschweigen? Willst Du mich darauf vorbereiten, dass unser Treffen am Dienstag ausfällt? Schon wieder? Ist die Luft in Bonn fußkalt geworden? Du bist so weit weg, gefühlt. Eiszapfen wachsen aus dem Rechner.

✉ **Betreff: Re: Kalte Füße?**
Datum: 02.09.2012, 14:39:08
Verehrte, ich bin noch da. Bin gerade ins Büro gekommen, um zu arbeiten. Die Luft in Bonn ist nicht kalt geworden, das Zug-Ticket ist schon gebucht, 8.40 Uhr ab, 11.20 Uhr Ankunft in Kassel-Wilhelmshöhe. Rückfahrt um 19.45 Uhr. Ich kann trotzdem nicht kommen. Heute beim Frühstück sprach ich mit meiner Frau über ein anderes Paar. Er hat

sie lange mit einer Kollegin betrogen. Meine Frau fragt sich, wie sie, die Partnerin, das nicht bemerken konnte oder wollte? Ich konnte ihr dabei nicht in die Augen schauen, denn ich plane auch, sie zu betrügen. Das ist meine miese Seite, der so schönen Verbindung zu Dir. Deine E-Mails, Deine Aufmerksamkeit wärmen mich. Dich wirklich zu treffen, würde mich in Flammen setzen. Aber um Dich zu sehen, zu berühren, Dich kennenzulernen, muss ich lügen. Victor, meinem Sohn, muss ich eine Geschichte aufbinden, meiner Frau habe ich erzählt, es gäbe noch ein Gespräch mit einem anderen Redakteur im Osten. Mein Kollege Oliver glaubt das auch. Ich sitze heute am Sonntagnachmittag hier, weil ich unseren Dienstag herausarbeiten will, denn bis dahin müssen wir das Drehbuch abgeben. Das alles ist arrangiert und ich kann es kaum erwarten, Dich zu sehen. Und mir wird schlecht, wenn ich mich bei meinen Lügen beobachte. Die Vorstellung, Dich nie zu küssen, ist wie ein brutaler Schlag in die Leber. Aber am Dienstagabend nach Hause zukommen, mich neben meine Frau zu legen, Dich noch zu sehen, zu riechen, Deine Hand zu fühlen, die vorsichtig meinen Arm streift, zwischen meinen Fingern noch genau zu spüren, wie weich Dein Haar, wie zart Deine Haut ist, das ist schrecklich schön, aber einfach nicht auszuhalten.
Ich kann Dich nicht treffen, es tut so weh, das zu schreiben.
Roger

Betreff: Dein Ernst? ✉
Datum: 02.09.2012, 14:44:10
Ich habe Deinen Text fünf Mal gelesen. Da steht wirklich, dass Du nicht kommen wirst. Ist das Dein Ernst? Du brichst mir mein Herz. Tu das nicht, bitte! Ich bin um 11.20 Uhr am Bahnsteig in Kassel. Seit Wochen denke ich an nichts anderes. Ich muss Dich fühlen. Ich zittere am ganzen Körper, vor Schmerz. Du hast Deine Frau schon längst mit mir betrogen, tausendmal, im Kopf. Hast Du

es gedacht, ist es genau so, als hättest Du es gemacht. Wo beginnt Betrug?

✉ **Betreff: Mein Ernst**
Datum: 02.09.2012, 14:53:19
Du hast in allem recht. Ich habe ein Herz, das blutet, weil ich an Dich denke. Es tut mir so leid, Dir wehzutun, Dich zu enttäuschen. Ich wollte Dich und mich glücklich machen, zumindest an diesem einen Tag. Aber ich kann nicht alles andere ausblenden. Ich habe es versucht, wirklich. Ich weiß nicht, wie ich auf Dich verzichten soll. Heute, morgen, Dienstag, immer. Ich leide unter Deinen schönen Worten. Du sitzt wie ein süßer Stachel in mir. Jede Silbe schmerzt, weil sie mich ins Herz trifft.
Lösch mich.

✉ **Betreff: Ich werde da sein**
Datum: 02.09.2012, 14:54:58
Leidenschaft heißt, ihr zu folgen! Feigling! Ich werde da sein, am Dienstag in Kassel.

***

✉ **Betreff: Abschiedsgeschenk für Dich**
Datum: 04.09.2012, 07:52:13
Ein Mann, ein Wort – eine Frau, eine Tat!
Ich werde jetzt nach Kassel fahren. Um 11.20 Uhr werde ich am Bahnsteig vergeblich auf Dich warten. Danach werde ich ebenso vergeblich an der Herkules-Statue stehen. Ich gehe die Wege, die ich mit Dir zusammen nehmen wollte. Ich werde mir ein sonniges Fleckchen suchen und die Picknickdecke ausbreiten, unseren Sekt trinken und Dein Obst essen. Ich mache den großen Reißverschluss von meinem kleinen blauen Kleid auf. Das Gewand lässt sich einfach wegklappen. Die warme Sonne ersetzt Deine Hände und Deine Küsse. Sie sind überall. Endlich kannst

Du mich berühren! Ich werde auf errötende Ameisen und staunende Eichhörnchen keine Rücksicht nehmen. Und ich werde es endlich tun. Ich werde mit Dir schlafen, vielleicht zweimal, weil Du beim ersten Mal viel zu aufgeregt bist. Doch vorher noch das unromantische Gespräch zwischen uns. Wir sind erwachsen. Nein, wir müssen nicht verhüten. Ich kann nicht schwanger werden. Und das Schönste ist der erste Moment, wenn Du wirklich zu mir kommst, in mich eintauchst. Du glaubst erst, es geht nicht, weil Du nicht vorankommst. Ich muss Dich ermutigen, es tut nicht weh. Mach Dir keine Sorgen um mich. Du musst nur einen kleinen Widerstand überwinden. Und ich werde mich wie im Rausch fühlen, wenn Du beginnst, Dich ganz langsam zu bewegen. Wir müssen leise sein. Ich bin so schwerelos wie traurig. Eine Träne rollt, weil es einfach so unbeschreiblich schön ist mit Dir zusammen auf der Picknickdecke. Die liebe Seele hat jetzt Ruh. Wir haben es getan, Roger! Das war mein virtueller Abschiedsbeischlaf für Dich.

Ich fahre jetzt nach Kassel.

// 2. Kapitel – Die Herkules-Wette //

✉ **Betreff: Anna?**
Datum: 05.09.2012, 09:53:13
Anna?

***

✉ **Betreff: Anna??**
Datum: 06.09.2012, 8:59:33
Anna, hast Du mich gelöscht?

***

✉ **Betreff: Anna???**
Datum: 07.09.2012, 10:35:10
Anna, bitte sag doch was.

***

✉ **Betreff: Bitte**
Datum: 08.09.2012, 09:12:45
Anna, wie geht es Dir? Sprichst Du noch mit mir? Bin ich schon gelöscht? Mein Magen krampft sich zusammen, wie eine Faust. Ich weiß, ich muss Dich sehen. Ich habe im wahrsten Sinne des Wortes Sehnsucht nach Dir, Du wunderbare Frau. Aber ich konnte nicht nach Kassel kommen.

Mir tut alles weh, wenn ich das schreibe, aber es ging nicht anders. Zu meiner familiären Situation kommt der terminliche Druck, die Arbeit.
Ich will darüber nicht jammern, aber ich trage Verantwortung für mich und für meinen Kollegen. Es geht um viel.
Ich, ich, ich, ich kann es selber nicht mehr hören. Du, Du, Du, klingt viel schöner, Du sensible, Du leidenschaftliche, Du erotische Frau. Du bist so ein großes Geschenk.
Bei Dir und mir geht es um viel Bedeutenderes, um nicht weniger als um ein Stück vom Paradies, um einen Moment im Himmel. Zu pathetisch? Von mir aus. Du sitzt in Leipzig, ich in Bonn, aber wenn ich Dir schreibe, bist Du mir so nahe.
Ich habe eine Bitte. Anna. Lass uns einen anderen Termin finden, ich bitte Dich, ich bettele darum. Wie konnte das alles so einen Verlauf nehmen? Du hast doch nur einen Film über mein Buch gemacht.
Anna, darf ich Dich anrufen? Mich persönlich bei Dir entschuldigen? Anna?

* * *

Betreff: Vielen Dank! ✉
Datum: 10.09.2012, 13:20:06
Ich war bereits in Kassel, am Dienstag, wie verabredet. Deine Bitte um einen neuen Termin beleidigt meine Intelligenz. Du bist eingeknickt, weil Deine Frau am Sonntag das falsche Thema zum Frühstück aufgeworfen hat. Hast den Schwanz eingerollt, wie ein Schmetterling seinen kleinen Saugrüssel. Feigling!

Betreff: Re: Vielen Dank! ✉
Datum: 10.09.2012, 13:21:54
Anna bitte, lass mich Dich anrufen heute Abend, bitte!

* * *

✉ **Betreff: Unser erstes Telefonat**
Datum: 11.09.2012, 10:12:34
Anna, es war so wunderbar, Deine Stimme, Dich atmen, seufzen und lachen zu hören. Es war, als ob Deine Stimme mich gestreichelt hat. Ich schmolz wie Butter in der Sonne. Ich möchte Dir gleich ausführlicher schreiben, aber vielleicht rufe ich Dich auch wieder an. Mit Dir persönlich, direkt zu sprechen war leicht, ganz vertraut, intim. Danach war ich glücklich.

✉ **Betreff: Vorschlag**
Datum: 11.09.2012, 14:55:30
Du traust Dich, mich anzurufen? Ohne Skrupel? Warum rede ich überhaupt noch mit Dir? Ich bin eingeknickt. Dass ich Dir erneut verzeihe, hat nichts mit meinem Verstand zu tun, es sind giftige Dämpfe aus unserem Chemiebaukasten. Ich habe eine Idee für uns: Wir können uns treffen, zum Reden und Anschauen. Wir reden! Nicht küssen! Auf keinen Fall anfassen! Verboten! Dabei besteht allerdings die Gefahr, dass wir uns kennenlernen und uns womöglich mögen. Ach, wir mögen uns schon jetzt. Ich weiß es.

✉ **Betreff: Re: Vorschlag**
Datum: 11.09.2012, 14:59:31
Das ist ein super Vorschlag! Ich hoffe, wir halten es nicht durch, aber es beruhigt mein Gewissen. Bin ich so einfach gestrickt?

✉ **Betreff: Aw: Vorschlag**
Datum: 11.09.2012, 15:01:11
Nicht einfach gestrickt, sondern einfach ein Feigling! Mein Vorschlag war ein Witz! Aber wenn er Dir gefällt, bitte schön, dann sollst Du es genau so haben.

✉ **Betreff: Re: Vorschlag**
Datum: 11.09.2012, 15:02:55

In jedem guten Witz steckt doch auch ein Körnchen Wahrheit. Danke!

* * *

Betreff: Ein Stück vom Paradies
Datum: 12.09.2012, 09:01:19
Roger, wir werden uns nicht umarmen zur Begrüßung. Wir werden uns auch nicht die Hand reichen. Das wäre mir zu unpersönlich, unangemessen. Wir werden miteinander spazieren gehen. Möglicherweise darf ich meinen Arm bei Dir unterhaken. Wir erzählen uns das Leben. Du darfst mich zum Essen einladen. Ich bevorzuge Salatblätter, etwa zwei oder drei. Mehr schaffe ich an dem Tag nicht. Ein Picknick wäre zu gefährlich für uns. Du hältst mich im Arm, mehr nicht, ganz züchtig. Es wird der Himmel auf Erden sein! Ein Stück vom Paradies!

Betreff: Re: Ein Stück vom Paradies
Datum: 12.09.2012, 09:08:56
Oh Jesus, ich hoffe, das war jetzt auch ein Witz. Anna, mir geht es heute richtig gut, Oliver und ich können jeden Tag einen Haken hinter unsere Arbeit machen und Du und ich, wir werden uns sehen. Schon bald.

Betreff: Foto
Datum: 12.09.2012, 09:58:12
Wann ist bald? Das glaube ich erst, wenn ich Dich vor mir sehe. Schon zweimal hast Du mich versetzt. Und jetzt, schau Dir mein Foto an. Ich habe es in Kassel auf der Picknickdecke für Dich gemacht. Schau auf die Krähenfüße, die ich um die Augen herum habe! Sehe ich noch so aus, wie Du mich in Erinnerung hast?

Betreff: Re: Foto
Datum: 12.09.2012, 10:03:11

Anna, Du bist noch viel schöner, als ich Dich in meiner Erinnerung sehe. Ich finde es auch schön, Dich gelegentlich im Fernsehen zu betrachten. Mir gefällt es, wenn Dein Haar wie Kupfer in der Sonne schimmert.

✉ **Betreff: Wenn wir uns treffen**
Datum: 12.09.2012, 10:53:09
Ist es erlaubt, sich auch zwischendurch zu umarmen, so ganz ohne Grund? Darf meine Wange Deine streifen und dürfen meine Lippen ganz aus Versehen kurz an Deinem Hals vorbeihuschen? Falls uns der Gesprächsstoff ausgeht, bringe ich etwas zum Lesen mit. Wie wäre es mit „Schuld und Sühne"? Knapp 800 Seiten sollten genügen.
Ich melde mich jetzt ab, möchte noch mit einer Freundin in den Biergarten einen Wein trinken, oder zwei.
Anna

* * *

✉ **Betreff: Re: Wenn wir uns treffen**
Datum: 13.09.2012, 11:03:56
Oh, Anna, Berührungen sind nicht nur erlaubt, sie sind ausdrücklich erwünscht und ersehnt. Darf ich, wenn ich Dir in einem Café die Jacke abnehme, so nah an Dich herantreten, dass ich den Duft Deiner Haare inhalieren kann? Ganz kurz nur? Oder wenn Du mir den Zucker reichst, Deine Hand berühren, auch einen Moment länger? Sie dann vielleicht sogar halten, nur bis meine Lippen Deinen Puls berührt haben?

✉ **Betreff: Feuerwasser**
Datum: 13.09.2012, 11:13:22
Ja, das darfst Du. Wir werden tapfer und stark sein, für Dich und gegen Dein schlechtes Gewissen! Dafür zähme ich meine Leidenschaft. Ich werde neben Dir verbrennen, verpuffen wie Knallgas! Mir ist heiß. Das kann am Ing-

wer-Tee liegen, den ich gerade trinke. Er heizt von innen und ich habe ihn für mich allein. Die Kollegen in der Redaktion möchten ihn nicht mit mir teilen. Er ist als „Feuerwasser“ verschrien.
Findest Du es nicht auch bemerkenswert, dass wir so lange miteinander telefonieren können? Wir haben schon über zwei Stunden verredet. Und dabei haben wir uns nur einen Tag dienstlich gesehen, Herr Nowitzki!

Betreff: Re: Feuerwasser ✉
Datum: 13.09.2012, 11:44:21
Ingwer-Tee trinke ich eigentlich nur im Winter, mit Dir auch gerne im Spätsommer. Ja, offensichtlich senden wir auch telefonisch auf einer Wellenlänge, das wird mir unheimlich. Ich höre Dich so gern lachen, drücke das Telefon ganz dicht an mein Ohr, bis es wehtut. Es kribbelt in meinem Bauch vor Aufregung, wenn ich das schreibe. Gleichzeitig habe ich ein schlechtes Gewissen, und zwar Dir gegenüber, weil ich unsere letzten beiden Termine abgeblasen habe.
Entschuldigung, Entschuldigung, Entschuldigung!

* * *

Betreff: Wette ✉
Datum: 14.09.2012, 08:41:28
Dein schlechtes Gewissen ist durchaus gerechtfertigt. Würde ich ein Buch über uns schreiben, und wäre der Titel nicht schon vergeben, dann würde ich es „Vollidiot“ nennen. Damit Dein Gewissen rein bleibt, machen wir einen Wette für unseren Tag aus: Wer als Erster einknickt und den anderen küsst, hat verloren. Ich gehe fest davon aus, dass Du der Verlierer sein wirst. Dein Wetteinsatz ist ein Tanz auf meinem Küchentisch, in gelben Gummistiefeln, bekleidet mit meiner rot-weiß karierten Küchenschürze, Modell „Heimchen“. Bist Du dabei?

✉ **Betreff: Re: Wette**
Datum: 14.09.2012, 14:48:45
Die Wette gilt, ich bin gern der Verlierer. Anna, das Wochenende kommt. Ich werde wieder wortkarg. Ich muss zu meiner Familie.
Oh, da sitzt schon wieder ein dicker Käfer auf Deinem zarten Schlüsselbein. So, jetzt ist er weg. Ich habe das Wegschnippen extra in die Länge gezogen, nur um Dich zu berühren. Der Käfer hat sich an Deiner samtweichen Haut festgekrallt, der Lump! Ich umarme Dich, ich gehe ganz nah an Dir vorbei, und wenn Du denkst, ich wäre schon weg, hauche ich Dir noch einen Kuss auf die Stelle hinter Deinem Ohr.

* * *

✉ **Betreff: Wohnträume**
Datum: 15.09.2012, 10:59:55
Roger, auch wenn Du am Wochenende nicht im Büro bist und Deine Mails liest, ich muss das jetzt loswerden. Es ist vollbracht! Ich kann wieder atmen! Herr Kleemann ist heute ausgezogen. Meine Wohnung ist groß genug, um darin eine Fernbeziehung zu führen.
Seit wir getrennt sind, hat sich die Lage entspannt. Wir sind Freunde geblieben. Das gibt es doch! Auf Herrn Kleemann kann ich mich verlassen. Er hat einen Schlüssel zu meiner Wohnung behalten, falls ich mich einmal aussperre. Im Gegenzug hüte ich den Schlüssel zu seinem neuen Domizil.

✉ **Betreff: Re: Wohnträume**
Datum: 15.09.2012, 16:43:58
Du hast wieder sturmfreie Bude. Gratuliere! Ich habe gewissermaßen auch sturmfrei. Mein Sohn ist wie jeden Samstagnachmittag beim Basketball, ich kann seinen Computer nutzen und Dir schreiben. Mein Laptop bleibt

übers Wochenende meistens im Büro, damit ich zu Hause nicht arbeiten kann.
Ich will gleich noch laufen, ich habe zugenommen.
Mein heutiger Abend wird kubanisch. Ohne Salsatanzen, aber mit Mojito. Wir sind zu einem Geburtstag eingeladen. Mein Geschenk ist ein Gutschein für zwei Personen für einen Kinobesuch. Aber nicht in irgendeinem Kino, sondern in einem ganz besonderen in Köln, eins, das Luxus bietet, wie bei einem First-Class-Flug. Du bekommst einen Cocktail zur Begrüßung, wirst zum Platz geführt, also zu Deinem Ledersessel, den Du nach hinten klappen kannst, während Du Deine Füße auf den dafür bereitstehenden Hocker bettest. Die Sessel sind breit. Dann orderst Du Fingerfood und noch einen Cocktail und genießt den Film so wie erwachsene Menschen einen Film genießen sollten, mit Stil und in Würde. Ich kann mir vorstellen, dass Dir das auch Spaß machen könnte.
E viva! Auf alles Schöne, Deine Wohnung, das Leben und besonders auf Dich!

Betreff: Abendgestaltung
Datum: 15.09.2012, 17:14:33
Roger, wir müssen etwas klären. Ich möchte in Zukunft nicht wissen, wie Du Deine Abende mit Deiner Frau verbringst. Es tut mir weh. Ich möchte auch nicht davon träumen, mit Dir in das besondere Kino zu gehen. Wir werden dort niemals gemeinsam einkehren. Also will ich davon auch nichts wissen. Anna

Betreff: Re: Abendgestaltung
Datum: 15.09.2012, 17:24:23
Gut, Anna, das tut mir leid. Ich wollte Dich teilhaben lassen. Ich werde in Zukunft nur noch von meiner Arbeit schreiben.
Ich sitze gerade an einem Exposé für einen witzigen Krimi, der in Sachsen spielt, den ich meinem Verlag versprochen

habe. Die Story spielt im Zittauer Gebirge, keine Ahnung, wie ich darauf gekommen bin. Mein Held ist der sächsische Polizeiobermeister Kevin Thummernicht, der direkt nach der Wende in den Westen ging und dort Karriere und einen kleinen Fehler macht. So wird er für ein Jahr von Köln in den Luftkurort Jonsdorf im Zittauer Gebirge versetzt. Er wird quasi geparkt. Der Großstadtbulle hasst das Dorfleben in Sachsen, er versteht die Sprache der Menschen nicht und muss statt echter Krimineller in Köln, Eierdiebe und Naturparkverschmutzer in Jonsdorf verfolgen. Er wünscht sich nichts als zurück nach Köln, bis er sich in die Melkerin Chantal verliebt. Sie riecht selbst frisch geduscht nach saurer Milch, ist originell, klug und ihr Haar glänzt wie eine Duracell-Batterie in der Sonne, für Kevin leuchtet es sogar, wenn es regnet im Zittauer Gebirge. Er schwingt sich zu großen Taten auf, klärt mit seiner neu erlernten Bauernschläue einen Fall auf, der dem Ort Jonsdorf zu viel Geld und Weltruhm verhilft. Er ist der Held der Jonsdorfer Sachsen. Das Jahr geht schnell vorbei. Kevin muss sich zwischen der Liebe in Jonsdorf und seiner Karriere in Köln entscheiden.
Eine Ähnlichkeit zu lebenden Personen ist natürlich rein zufällig.

✉ **Betreff: Verbotene Liebe**
Datum: 15.09.2012, 17:28:39
Würde es ein Drehbuch werden, dann könnte der Film genau ins Vorabendprogramm des Ersten Deutschen Fernsehens passen.
Es muss bei Deinem Sachsenkrimi herauskommen, dass es für Thummernicht Ironie des Schicksals ist, dass er sich in eine Frau aus seiner alten Heimat verliebt. Das ist die erste Strafe dafür, dass er ihr einst den Rücken gekehrt hat. Die zweite Strafe ist, dass die Frau Chantal heißt. Stimmt's?
Wann schaltest Du heute Nacht Dein Telefon aus? Ich

spreche Dir ein Hörspiel auf den Anrufbeantworter, damit Du meine Stimme nicht vergisst.

Betreff: Re: Verbotene Liebe
Datum: 15.09.2012, 17:32:11
Jetzt, ich schalte es jetzt sofort aus! Ich halte es nicht aus zu warten.
Also gut, 22 Uhr. Und halte Dich bitte nicht kurz, ich lausche Dir so gerne. Ich werde es erst morgen abhören, um mit Dir in den Sonntag zu starten. Allerdings weiß ich nicht, ob ich heute Nacht einschlafen kann. Mein Herz hüpft, Anna.
Und ja, mein Held wird wohl noch einiges durchstehen müssen. Aber er wird nicht bestraft, sondern beschenkt. Dafür lohnt es sich zu leiden. Ich freu mich schon auf morgen früh!

Betreff: Aw: Verbotene Liebe
Datum: 15.09.2012, 17:33:59
Roger, Du wirst Dir ebenso die Finger an mir verbrennen wie Kevin an Chantal.

Betreff: Re: Verbotene Liebe
Datum: 15.09.2012, 17:34:17
Ich weiß, Anna, ich weiß. Aber die Vorstellung unseren Chemiebaukasten jetzt zuzuklappen, jetzt aus dem Versuch auszusteigen …

Betreff: Aw: Verbotene Liebe
Datum: 15.09.2012, 17:34:59
… ist unmöglich! Geht gar nicht!

Betreff: Re: Verbotene Liebe
Datum: 15.09.2012, 17:35:59
So ist es, meine Schöne! Ich höre Dich morgen früh.

✉ **Betreff: Hörspiel**
Datum: 15.09.2012, 23:45:55
Mein Handy blinkt. Das heißt, Deine Nachricht ist schon da. Es ist ein bisschen wie Weihnachten. Ich halte es nicht mehr aus, ich werde Deine Nachricht jetzt gleich abhören und morgen früh meinem Sohn seinen Rechner wieder ins Zimmer bringen, den ich wegen Dir entführt hatte. Gute Nacht, Du verrückte Anna!

* * *

✉ **Betreff: Dein Hörspiel**
Datum: 17.09.2012, 09:32:22
Anna, ich muss Dir etwas erzählen, weil ich es sonst niemandem erzählen kann. Meine Freunde sind auch die Freunde meiner Frau, ich kann mich niemandem mitteilen außer Dir.
Also: Mein E-Mail-Kontakt zu dieser Frau aus Leipzig verläuft sehr erfreulich. So wie es aussieht, treffen wir uns bald wirklich, ist das zu fassen? Ich weiß, es ist verrückt, aber ich habe das Gefühl, wenn ich sie nicht treffe, werde ich verrückt.
Ich meine, ich verbringe sehr viel Zeit mit ihr. Gut, nur virtuell oder am Telefon, ich höre verdammt gerne ihre Stimme. Sie kommt mir so vertraut vor. Ich weiß, wie sich das anhört. Weißt Du, gestern Abend hat sie mir auf die Mailbox gesprochen, bestimmt fünf Minuten lang. Dabei ist sie mit mir durch ihre Wohnung gegangen und hat mir alle Zimmer gezeigt. Es war so etwas wie ein akustischer Rundgang durch ihr ganz privates Reich. Ich war wirklich dabei, also nicht nur am Hörer. Sie spielt sogar Klavier, ich sag doch, die Frau ist großartig.
Am Ende der Nachricht bin ich in ihr Bett gesunken, es war weich, sie lag neben mir und sie duftete unbeschreiblich gut. Weiter ging es nicht, wir schliefen aneinandergekuschelt ein. Das war schön. Ich spinne nicht, ich sag nur,

es hat sich so angefühlt, als wäre ich wirklich bei ihr in ihrer Leipziger Wohnung.
Sie kann mit ihrer Stimme, ihren Worten dafür sorgen, dass es sich so anfühlt. Und jetzt wollen wir uns diese Woche Freitag in Kassel treffen. Ich hoffe, der Termin passt ihr. Gute Nacht, ich muss noch etwas arbeiten und dabei an diese Frau denken. Ich hoffe, Du bist nicht eifersüchtig.

Betreff: Freitag
Datum: 17.09.2012, 09:38:22
Ich werde es erst glauben, wenn ich Dir am Freitag am Fuße des Herkules gegenüberstehe. Ist Dir eigentlich klar, dass wir dann mehr als zwei Monate dafür gebraucht haben, uns endlich zu treffen? Korrektur: dass Du! mehr als zwei Monate dafür gebraucht hast. Zwei Monate werde ich dann jede Sekunde an Dich gedacht haben. Aber Dich nicht zu sehen, wäre ein Frevel!

Betreff: Re: Freitag
Datum: 17.09.2012, 09:40:00
Mein Gesicht glüht, meine Haut brennt. Wir werden uns sehen, Frau Fröhlich, und wenn es so ist wie am Telefon, Anna, wird es mir verdammt schwerfallen, Dich wieder gehen zu lassen.

Betreff: Vertrauen
Datum: 17.09.2012, 09:47:01
Ich traue dem Frieden nicht, Roger. Wahrscheinlich wirst Du krank sein an dem Tag, oder die Deutsche Bahn streikt oder Du wirst über Deine Schnürsenkel stürzen oder den Schirm vergessen haben oder der Wecker piepste nicht oder Du hast Dir beim Frühstück einen Zahn herausgebrochen.

Betreff: Re: Vertrauen
Datum: 17.09.2012, 09:53:02
Mein Wecker piepst auf jeden Fall, ich ziehe Schuhe mit

Klettverschlüssen an oder Jesuslatschen, ich werde alle meine Zähne behalten und ich werde nicht mehr über irgendwelche Skrupel reden oder schreiben.
Die Schmerzen nach unserem Treffen werden groß sein, das sind sie jetzt schon manchmal. Sie werden noch größer, aber es ist wie immer im Leben, kein Licht ohne Schatten, kein Tag ohne Nacht, keine Freude, Lust, Leidenschaft ohne Schmerzen. Man kann nur darauf verzichten, wenn man auch bereit ist, auf das Licht, die Sonne, die Liebe zu verzichten. Ich will das nicht!
Steht unsere Wette noch?

✉ **Betreff: Aw: Vertrauen**
Datum: 17.09.2012, 09:57:56
Selbstverständlich! Die Wette steht noch. Im Gegensatz zu Deinen sind meine Versprechen verbindlich. Klatsch! Ich werde es zu verhindern wissen, dass Du die Wette gar zu schnell verlierst.

* * *

✉ **Betreff: „an Dich denken“**
Datum: 18.09.2012, 22:10:03
Weißt Du was, ich habe Dein Hörspiel seit Sonntag viermal gehört. Es wird immer besser.
Und noch etwas muss ich Dir gestehen, aber wirf es mir nie vor! Ich hab in den letzten Wochen oft „an Dich gedacht“. Du, Deine Stimme und alles, was Du schreibst, erregt mich so sehr, dass unsere Wette eine echte Herausforderung für mich werden wird. Was meinst Du, wie ich reagiere, wenn Du mir schreibst, wie Du hinter mir stehst, meinen Nacken berührst und über meine Brust streichst, Deine Hände noch tiefer wandern.
Keine Ahnung, was mein Kollege Oliver dann denkt, wenn er sieht, wie ich wie ein Rotbäckchen auf meinem Stuhl hocke. Was machst Du nur mit mir? Was machen wir mit

uns? Habe ich Dich jetzt geschockt? War ich zu plump? Bist Du abgestoßen von mir? Ich gehe jetzt bald ins Bett und werde garantiert an Dich denken, ich lächle vor mich hin. Schlaf gut!

Betreff: Gebrauchsanweisung/Bedienungsanleitung ✉
Datum: 18.09.2012, 22:55:13
Nein, ich bin nicht abgestoßen, nur enttäuscht, weil Du in den letzten Wochen „nur oft" an mich „gedacht" hast und nicht ununterbrochen. Ich küsse Dich auf Deine Nasenspitze und verabschiede mich für heute. Und damit es Dir leichter fällt, oft an mich „zu denken", wie Du das nennst, schicke ich Dir einen sinnlichen Text, den ich so noch nie geschrieben habe. Lies ihn nicht zwischen Tür und Angel. Nimm Dir Zeit dafür, lehn Dich zurück und sprich mich nie darauf an. Ich würde mich vielleicht schämen. Er ist im Grunde eine Gebrauchsanweisung für mich. Leg sie weg, speichere sie für später. Willst Du sie lesen?

Betreff: Re: Gebrauchsanweisung/Bedienungsanleitung ✉
Datum: 18.09.2012, 22:57:13
Ja, ich will. Ich werde den Text ganz in Ruhe, allein und mit der gebührenden Dankbarkeit lesen. Schlafe gut, meine sinnliche Anna.

Betreff: Aw: Gebrauchsanweisung/Bedienungsanleitung ✉
Datum: 18.09.2012, 23:59:04
Ich habe meine Stereoanlage auf „Repeat" geschaltet. Denn ich weiß nicht, wie lange der Liebesrausch mit Dir, meinem virtuellen Gast, dauert. Ich habe den großen dunkelroten Vorhang in meinem Schlafzimmer zugezogen. Es sieht jetzt aus wie in einem Kino. Du warst schon einmal mit mir hier, als ich Dir per Hörspiel meine Wohnung gezeigt habe. Aber heute schlafen wir nicht ein. Die Kerzen,

die ich aufgestellt und angezündet habe, haben dieselbe Farbe wie der Vorhang. Sie sind überall im Raum verteilt und sorgen für warmes Licht. Das Bett steht in der Mitte. Ich habe es mir so richtig schön gemacht, so als wärest Du bei mir, mein verehrter Roger. Heute bist Du bei mir, gefühlt!

Ich habe mir sogar schöne Unterwäsche angezogen, für mich allein in dem Falle. Das war überflüssig, weil ich sie ohnehin gleich ausziehen werde. Dennoch: Ich habe mich in meiner Fantasie schön gemacht für Dich und ein Glas Wein auf die Ablage am Kopfende des Bettes gestellt. Und jetzt bist Du endlich bei mir, mit mir unter meiner Bettdecke. Ich habe sie über unsere Köpfe gezogen. Sie ist dünn, das macht das hineinschimmernde Kerzenlicht noch weicher. Es ist wie in einer warmen Höhle.

Wir küssen uns, endlich, stundenlang. Ich habe nur meine schöne Unterwäsche an. Und Du? Was trägst Du heute? Nicht viel, das steht fest. Ich kann Deine Wärme spüren und ein paar Deiner Brusthaare auf meiner Haut. Ich kann zwar nicht wissen, ob Du welche hast, aber ich erträume sie mir. Du küsst meine Lippen, meinen Hals und meine Schulter und ich verbrenne schier. Schon beim Schreiben dieser Zeilen wird mir flau im Bauch.

Ich stehe auf weichen Knien an meinem Schreibpult und ich weiß: Bald wirst Du mich über den Horizont fliegen. Du küsst meine Oberarme. Ich habe sie hochgelegt, damit Du volle Angriffsfläche hast, und die ganze Zeit bewege ich mich, als würdest Du bereits mit mir schlafen. Ich kann gar nicht anders, ich glaube: Das ist die Natur. Ich sinke schwerelos ins Bodenlose. Du küsst mich immer an der Spitzenkante meiner Unterwäsche entlang. Du traust Dich aber nicht, das lästige Kleidungsstück einfach wegzuwischen. Das macht mich wahnsinnig! Jetzt trau Dich! Und frag nicht so viel! „Ich will, ich will, ich will“, hauche ich direkt auf Deine Lippen, zwischen den zärtlichsten Küssen, die ich je geküsst habe.

Du greifst unter mich. Deine Hände umfassen meinen Rücken. Meine Haut ist glatt, darunter sind harte Muskeln. Ich wölbe meinen Oberkörper, sodass Du endlich an den Verschluss dieses lästigen Gewandes kommst. Du kannst ihn nicht öffnen! Wie ungeschickt! Ich muss Dir helfen, dann endlich Erlösung! Herrlich! Deine heißen Hände können meine feste Brust fassen, Du fährst auf meinen Körper entlang, vom Oberarm, über die Achseln hinab. Du atmest angestrengt und entspannt zugleich. Gib mir zehn Sekunden Atempause. Ich will versuchen, meinen Puls von einhundertundsiebzig nach unten in Richtung Ruhepuls zu dirigieren. Ich habe das Gefühl, gleich zu explodieren. Ich streichle Deinen Kopf, Deinen Nacken, Deinen Rücken, alles, was ich mit meinen Händen erreichen kann! Du schaust mich an, im Halbdunkel. So fragend? Ich flüstere: „Ich will, ich will, ich will." Deine Hand zwischen meinen Beinen. Du bist vorsichtig, so wie ich das erwartet habe. Die Haut an den Innenseiten meiner Oberschenkel ist besonders weich. Ich zittere, stöhne und atme schwer.
Du musst Dich nicht sorgen, dass Du ungeschickt wirkst, oder mir wehtust. Die Säfte fließen längst. Deine weichen Lippen arbeiten sich abwärts, Du küsst meinen Bauch, dann meine Oberschenkel. Ich verbiege mich, verdrehe mich vor Verlangen! Ich denke kurz darüber nach, dass ich mich umgehend bei Dir revanchieren sollte, doch jetzt geht das nicht, ich muss es vertagen. Ich habe das Gefühl zu schweben. Fühlt sich so ein Stück vom Paradies an? Ich muss mich auf mich selbst konzentrieren. Sex ist egoistisch. Deine Zunge weiß den Weg. Du findest das Ziel und Du machst sanfte kleine Kreise, Du umspielst das Zentrum der Macht ganz zart. Du hast Talent! Bitte jetzt keine Richtungsänderung, keine Beschleunigung, keine Änderung des Programms! Das würde mich stören. Ich bin gar nicht mehr da! Ich bin high! Ich merke, wie sich eine riesige übermächtige Welle durch meinen Körper anbahnt. Sie ist noch nicht da, aber ich kann sie bereits sehen, ganz

hinten am Horizont. Und dann machst Du noch zwei drei kleine Runden mit Deiner Zunge und die Welle ist da! Ja! Jetzt kann ich weder Deinen Kopf noch Deine Ohren streicheln. Ich bin weg! Ich krümme mich, mindestens sieben Mal. Es fühlt sich an wie ein innerer Krampf. Dabei stöhne ich. Die Nachbarn habe ich längst vergessen. Vielleicht muss ich auch mehrmals „Ja" rufen. Schreien, stöhnen. Wissenschaftler haben sicher schon ermittelt, wie lange ein Orgasmus dauert. Drei Sekunden? Ich habe das Gefühl, für mich sind es siebzehn.
Jetzt kann ich wieder durchatmen. Ich zucke immer noch, kann nicht aufhören. Aber Du bekommst einen klaren Befehl: „Bitte, bitte hör auf." Ich bin überreizt, ich halte es nicht mehr aus. Und jetzt passiert das Verrückteste: Ich muss schluchzen! Ich bin überwältigt und auch so unfassbar traurig ob der ganzen unglücklichen, komplizierten Konstellation zwischen Dir und mir. Ich versuche ruhig zu atmen. Du wirkst ziemlich gelassen, umarmst mich zärtlich, lachst mich an. Ich glaube, ich sehe ein wenig Stolz in Deinen Augen. Ob wir das jemals erleben werden?

* * *

✉ **Betreff: Venusberg**
Datum: 19.09.2012, 08:00:00
Verehrte Begehrte, ich habe noch nie etwas Schöneres gelesen. Und ich verspreche Dir hiermit, dass ich dazu nichts weiter sagen werde, wie gewünscht. Aber heute ist meine Sehnsucht nach Dir besonders groß. Wenn ich Deine Zeilen lese, zerreißt es mich fast. Ich bin dankbar für dieses Gefühl, sogar für die Schmerzen.
Aber ich bin kein Masochist, deshalb müssen wir uns sehen. Es ist ganz allein meine Schuld, dass es noch nicht dazu gekommen ist, ich weiß. Heute Morgen bin ich durch den Wald am Bonner Venusberg gelaufen, die Sonne schien zaghaft durch die bunter werdenden Bäume, ich war zu-

frieden. Und jetzt, nach Dutzenden Seiten E-Mails, wird es endlich Zeit für uns beide!
Es werden am Frühstückstisch keine Gespräche über zerstörte fremde Beziehungen mit meiner Frau geführt und heute noch der Zug gebucht. Ach, Anna!

Betreff: Traum
Datum: 19.09.2012, 10:31:05
Meine Lieblings-Anna, wo bist Du, was machst Du? Ich sitze noch an meiner Mordgeschichte, ich weiß nun, wo ich noch Szenen einsetzen kann, die die Spannung steigern. In unserem gemeinsamen Drehbuch steckt schon genug Spannung, oder, Anna? Ich bin gespannt auf Übermorgen, auf den Moment, wenn ich aus dem Zug steige, die Bahnsteigkante entlangschaue, nervös hin und her, immer auf der Suche nach einem roten Haarschopf oder wenigstens einer roten Strähne, die einfach nicht zu finden ist, weil Du gar nicht gekommen bist, weil ich allein in Kassel stehe, auf diesem zugigen Bahnsteig, mit meinem Laptop in der Hand und meinem klopfenden Herzen, allein und nutzlos in einer Stadt, die nur durch Dich schön und sinnvoll wird. Ich gehe auf den Parkplatz, vielleicht wartest Du dort? Ich steige in ein Taxi, lasse mich zum Herkules kutschieren, gehe unruhig auf und ab, habe keinen Blick für die bergige Landschaft um mich, nur für Dich, aber Du kommst nicht. Und dann werde ich wach. Gott sei Dank! Der Zug rollt in Kassel-Wilhelmshöhe ein, ich steige schnell aus, eile nach draußen und entdecke Dich und die Zeit bleibt stehen, nur für einen Augenblick, nur für uns.
Ich wünsche mir nichts, nur ein wenig von der Zärtlichkeit Deiner E-Mails, ganz in echt auf meiner Haut. Bis gleich bald, Du Begehrenswerte!

Betreff: Entzug!
Datum: 19.09.2012, 11:30:00
Hallo? Anna? Wo steckst Du denn? Mir kribbelt es vom

Bauch über den ganzen Rücken, wenn ich Post von Dir bekomme. Warum setzt Du mich auf Entzug? Ich habe meinen Plan geändert. Ich werde am Freitag nicht mit dem Zug nach Kassel kommen, tut mir leid. Ich reise mit dem Auto an! Habe ich Dich erschreckt? Es sind nur zweieinhalb Stunden bis zum Herkules. Die Züge sind länger unterwegs, außerdem sind wir so unabhängiger und haben mehr Zeit für uns. Um uns züchtig bei einem Spaziergang unser Leben zu erzählen. Die Wette, die Wette, die Wette. Wer verliert? Ich bin schon so aufgeregt, Anna!

✉ **Betreff: Re: Entzug!**
Datum: 19.09.2012, 11:32:23
Unsere Geschichte ist so schön wie tragisch! Keiner wird verlieren, wir können nur gewinnen. Wann genau wollen wir uns treffen?

✉ **Betreff: Zwölf Uhr mittags**
Datum: 19.09.2012, 11:33:55
Ist Ihnen zwölf Uhr genehm, Frau Fröhlich? „High Noon" an den Herkules Terrassen?

✉ **Betreff: Re: Zwölf Uhr mittags**
Datum: 19.09.2012, 11:34:45
Ja, so soll es sein. Am Freitag soll es kalt werden in Kassel. Statt des kleinen blauen Kleides muss ich den handgefilzten Rollkragenpullover tragen. Mittlerweile ist es Spätsommer geworden. Klatsch!

✉ **Betreff: Schreck**
Datum: 19.09.2012, 11:36:44
Handgefilzt? Du quälst mich. Tatsächlich ist es mir fast egal, was Du trägst, Hauptsache, Du trägst es am Freitag in Kassel.
Vielleicht darf ich Dich dann zum Essen einladen?

Betreff: Re: Schreck ✉
Datum: 19.09.2012, 11:38:43
Ja, Du darfst mich zum Essen einladen. Es wäre recht günstig für Dich, denn mein Appetit hält sich in Grenzen. Freitag ist es endlich so weit. Und ich habe jetzt schon Angst vor dem, was danach kommen wird. Es wird viel schlimmer. So schön der Gedanke auch sein mag, Dich endlich zu umarmen.

Betreff: Abendgruß ✉
Datum: 19.09.2012, 19:59:11
Ich weiß, aber wir müssen uns sehen, meine liebe, begehrte Anna! Vielleicht bist Du jetzt gerade bei Deinem Pferd oder noch arbeiten. Egal, was Du tust, ich wünsche Dir viel Vergnügen dabei. Ich werde für den Rest des Abends nur an Dich in Deinem handgefilzten Pullover denken und dabei hoffen, dass es meiner Frau und unseren Gästen, die bald kommen werden, nicht auffällt. Ich nehme Dich sanft in den Arm, atme tief Dein Aroma ein, meine Lippen streifen Dein Ohr, ich flüstere: Bis bald! bis bald! bis bald!
Ich wünsche Dir einen schönen Abend, Anna!

Betreff: ✉
Datum: 19.09.2012, 20:12:44
Wieso bist Du in meinem Computer? Was machst Du hier?

Betreff: ✉
Datum: 19.09.2012, 20:13:46
Ich verstehe Deine Frage nicht. Anna

Betreff: ✉
Datum: 19.09.2012, 20:14:49
Ist doch ganz einfach. Du bist in meinem Computer. Ich bin Victor. Wie alt bist Du?

✉ **Betreff:**
Datum: 19.09.2012, 20:16:12
Ach, hallo Victor. Ich bin 39 Jahre alt und Du?

✉ **Betreff:**
Datum: 19.09.2012, 20:17:02
Ich bin zehn. Du bist ja schon uralt. Ich habe morgen Geburtstag. Ich werde elf. Mein Papa hatte heute Geburtstag.

✉ **Betreff:**
Datum: 19.09.2012, 20:17:59
Das ist ja verrückt! Dein Papa und Du, Ihr habt fast am selben Tag Geburtstag! Toll. Dann wünsche ich Dir jetzt eine gute Nacht. Ich bin alt, ich muss ins Bett. Ruh Dich aus für Dein Geburtstagsfest morgen.

✉ **Betreff:**
Datum: 19.09.2012, 20:18:45
Tschüss, Victor.

* * *

✉ **Betreff: Herzlichen Glückwunsch**
Datum: 20.09.2012, 09:00:23
Mein Verehrter, ich wünsche Dir nachträglich alles Liebe zum Geburtstag. Was soll ich Dir wünschen? Ach, ganz klassisch: Ich wünsche Dir alles, was Du Dir selber wünschst. Das ist schwer, denn ich befürchte, Du weißt im Moment gar nicht, was Du Dir selber wirklich wünschst.
Deine Anna

✉ **Betreff: Re: Herzlichen Glückwunsch**
Datum: 20.09.2012, 09:45:26
Danke, und woher weißt Du, dass ich mein Altwerden feiern durfte? Hatte ich Dir meinen Geburtstag genannt? Ich kann mich gar nicht daran erinnern.

Betreff: Victor war's! ✉
Datum: 20.09.2012, 09:47:00
Nein, mein Lieber. Dein Sohn hat das übernommen. Ich vermute, Du hast gestern Abend vergessen, Dich an seinem Rechner auszuloggen. Wie unvorsichtig! So etwas kann auch nur Männern passieren!

Betreff: Re: Victor war's! ✉
Datum: 20.09.2012, 09:53:11
Verdammt! Du hast recht. Ich werde Victor am Besten gar nicht darauf ansprechen. Ich kann nur hoffen, dass er auch nicht darüber spricht. Zum Glück ist er, wie viele Elfjährige eben so sind, vergesslich. Was nicht mit Basketball zu tun hat, setzt sich in seinem Kopf nicht fest. Hättest Du ihm geschrieben, dass Du Dich für Basketball interessierst, hätte er das sicher schon mir oder meiner Frau erzählt. Verdammt! Ruhe bewahren!

Betreff: Dunkle Wolken ✉
Datum: 20.09.2012, 12:56:12
Roger, die Sache mit Deinem Sohn beunruhigt mich sehr. Ich sehe eine riesige Wolke über uns, bedrohlich, dunkel. Ich bin jetzt schon traurig, weil sich unsere Wege nur kurz kreuzen werden. Anna

Betreff: Re: Dunkle Wolken ✉
Datum: 20.09.2012, 18:02:15
Du klingst besorgt. Das bin ich auch, denn vernunftig ist das nicht, was wir machen. Wir schreiben uns jeden Tag E-Mails, oft fünf oder sechs, und dazwischen schicken wir uns Kurznachrichten. In den letzten Wochen gab es keinen Tag, an dem wir nicht auf irgendeine Weise kommuniziert hätten. Und wenn doch, habe ich mich danach gesehnt. Jetzt will ich Dich sehen, das ist erst recht verrückt. Mein Verlangen nach Dir wird danach noch viel größer sein. Wir können jetzt abbrechen, das wäre vernünftig. Ich bin ver-

heiratet, Du lebst fünfhundert Kilometer weit entfernt, was machen wir hier eigentlich?
Wir schenken uns etwas. Du streichelst mich mit Deiner Aufmerksamkeit, mit Deinem Interesse an mir, mit dem Gefühl, das Du mir entgegenbringst. Du bist so voller Leben. Es ist so ein großes Vergnügen mit Dir! Trotzdem nicht treffen? Das würde bedeuten, niemals zu erfahren, wie Du riechst, wie sich Deine Haut anfühlt, wie weich Deine Lippen sind. Das will ich nicht, das kann ich nicht, und wenn ich dafür den Rest meines Lebens Filzpullover tragen muss. Wollen wir den Moment leben? Das klingt wie aus einem Schlager von Andrea Berg.

✉ **Betreff: Andrea Berg**
Datum: 20.09.2012, 18:09:19
Wir werden uns furchtbar wehtun, beziehungsweise Du wirst mir wehtun, ich Dir nicht. Ich kann Dir nichts tun, ich bin immer da, wenn Du es willst. Ich kann mit dem Auto fahren und mit dem Flugzeug fliegen, um zu Dir zu gelangen. Zum Glück leben wir in einer modernen Welt und ich benötige nicht acht Wochen mit der Postkutsche bis nach Kassel. Ich habe Angst vor dem Kummer, der auf mich wartet, aber ich muss Dich trotzdem sehen.
Anna

✉ **Betreff: Langweiler**
Datum: 20.09.2012, 18:10:29
Liebe, liebe Anna, es wird gar nicht so schlimm, denn in Wirklichkeit bin ich total langweilig und Du wirst froh sein, mich wieder loszuwerden.

✉ **Betreff: Re: Langweiler**
Datum: 20.09.2012, 18:11:56
Träum weiter, Baby! ☺ Wir ziehen es jetzt durch.

Betreff: Aw: Langweiler ✉
Datum: 20.09.12, 18:12:45
Ok, Cowgirl, dann sattle Dein Pferd, wir reiten nach Kassel!

Betreff: Buchstabenspende ✉
Datum: 20.09.2012, 18:19:33
Was ich noch vergaß: Ja, es verging, abgesehen von Deinen drei Wochen Urlaub direkt nach unserem Fernsehdrehtag, kein Tag ohne „Dich und Mich". Etliche Seiten E-Mail-Verkehr und unzählige SMS sind nun schon geschrieben. Ich lechze nach jeder Zeile von Dir, bin dankbar für jede noch so kleine Buchstabenspende. Ich will und kann mir nicht vorstellen, dass das aufhören soll. Anna

Betreff: Re: Buchstabenspende ✉
Datum: 20.09.2012, 18:21:23
Würdest Du ein Buch aus unseren Mails machen, wäre es fast fertig. Du würdest mich löschen und eine gefeierte Autorin werden. Ich habe Dich durchschaut, Du benutzt mich, ich bin nur eine literarische Figur für Dich! Eine Vorlage für Deine Fantasie. Unser Treffen dient Dir nur als Futter, ich bin Deine Marionette und Du ziehst die Fäden. Ich muss mich zusammenreißen. Morgen werde ich mich ganz seriös verhalten, sonst werde ich vor Nervosität nicht arbeiten können. Also bitte keine Anspielungen auf etwaige Umarmungen, Deine Zunge in meinem Ohr, Deine Wange an meiner, Deiner Hand, die zufällig in mein T-Shirt rutscht, nur um dort nach meinem Brustbeutel zu suchen, Deinem Kopf in meinem Schoß, Gesicht nach oben natürlich. Ich will auch nichts lesen davon, wie zart und gleichzeitig straff Deine Haut ist, schon gar nichts davon, wie Deine Lippen meinen Hals streifen, nichts, ich will davon nichts wissen! Und wehe, Du beschreibst, wie sich

meine Nase an die kleine Vertiefung an Deinem Schlüsselbein festsaugt, weil ich nicht genug von Deinem köstlichen Aroma bekommen kann. Nichts, schreib mir nur, was Dein Pferd zu dieser ganzen Sache sagt. Ich habe Fieber!

✉ **Betreff: Aw: Buchstabenspende**
Datum: 20.09.2012, 18:43:12
Das Pferd spürt genau, ob ich fröhlich oder traurig bin. Roger, ich fühle mich so lebendig, im Moment unsterblich, weil ich so verliebt in Dich bin. Wir sehen uns in wenigen Stunden. Wir werden uns ab jetzt virtuell zurückhalten, sonst verlierst Du die Wette noch, bevor wir uns einen Guten Tag wünschen konnten.

✉ **Betreff: nur noch einmal schlafen**
Datum: 20.09.2012, 18:59:00
Ich kann heute gar nicht genug von Dir kriegen, Begehrte! Schlafe, träume, ich muss mich jetzt losreißen, sonst komme ich vor Aufregung heute gar nicht mehr in den Schlaf.

✉ **Betreff: Re: nur noch einmal schlafen**
Datum: 20.09.2012, 19:01:03
Mein begehrter Herr Nowitzki, nur noch siebzehn Stunden, bis wir uns sehen, morgen ist unser Tag. Ich schlage Folgendes vor: Lassen wir ab jetzt unsere schöne Kommunikation ruhen. Wir schweigen bis morgen um zwölf Uhr. Es kommt jetzt nichts mehr, was uns aus der Ruhe bringen kann. Auf uns wartet der spannendste, heißeste Tag des Jahres in Kassel bei vierzehn Grad über Null. Ich denke an Sie.
Ihre Frau Fröhlich.

✉ **Betreff: noch genau 12 Stunden**
Datum: 20.09.2012, 00:00:01
Anna, bis gleich. Wir küssen uns heute in Kassel, Anna, nach zwei Minuten oder nie.

// 3. Kapitel – Das Experiment //

Betreff: mit Frau Fröhlich in Kassel ✉
Datum: 24.09.2012, 10:00:00
Anna, ich muss Dir etwas erzählen. Mein erstes Mal mit einer Frau aus Leipzig, ich habe Dir von ihr erzählt, Du kennst sie, die Fröhlich. Also, es war nicht „das erste Mal“, was Du jetzt denkst, sondern unser erstes Treffen. Wobei, es war eigentlich schon unser zweites, nur war es eben diesmal nicht beruflich, weniger förmlich, alles andere als das, verstehst Du? Wir hatten uns in Kassel verabredet. Warum dort? Kassel liegt ziemlich genau in der Mitte. In der Mitte von Deutschland und auf der Hälfte der Strecke Bonn–Leipzig.
Es war ein schöner Tag, die Sonne schien und es war angenehm mild. Wir wollten uns Punkt zwölf Uhr treffen. Ich war viel zu früh dort, nachdem ich die ganze Nacht vor Aufregung nicht schlafen konnte. Du lächelst, ich sehe es genau. Ja, auch in meinem Alter ist man vor dem ersten Date so nervös wie vor einer Abschlussprüfung. Ich war also froh, als die Nacht vorüber war und ich endlich loskonnte. Es gab keinen Stau, laut Navigationsgerät sollte ich schon halb elf am Herkules in Kassel sein. Viel zu früh. Deshalb hielt ich an einem Rastplatz, kaufte mir eine Zeitung. Ich zwang mich zur Ruhe, begann immer wieder mit dem Sportteil, hatte aber nach einem Absatz schon wieder vergessen, worum es in dem Artikel ging. Meine

Gedanken gingen nämlich immer wieder in die Zukunft, zu dem Moment unserer ersten Begegnung. Wie würde es sein? Wir hatten uns geschrieben, immer schwärmerischer, hatten uns schon zweimal verabredet. Habe ich Dir davon erzählt? Es war kein Ruhmesblatt für mich, dass ich ihr abgesagt hatte, wirklich nicht. Ich hatte Bedenken, Sorgen, Skrupel, Gewissenbisse. Sie fuhr trotzdem hin, allein. Verrückt, oder? Aber auch liebenswert! Überhaupt, inzwischen habe ich mich sehr in diese Frau verliebt. Wir waren schon einmal getrennt, wusstest Du das? Eigentlich sind wir ja gar nicht zusammen, nur gefühlt, ich bin mit einer anderen verheiratet, aber Anna und mich verbindet trotzdem etwas. Das ist so stark.

Jedenfalls hat sie Schluss gemacht nach meiner zweiten Absage. Also sie hat es nicht direkt ausgesprochen, aber ich habe es deutlich gespürt. Sie hatte mir mehrere Tage nicht geschrieben. Eigentlich hätte ich erleichtert sein müssen, weil sie für uns eine Entscheidung getroffen hatte, aber so hat es sich nicht angefühlt, überhaupt nicht. Statt Erleichterung spürte ich danach eine zentnerschwere Last auf meiner Brust. Das Atmen fiel mir schwer. Das geht vorbei, dachte ich, aber es ging nicht vorbei.

Es hörte erst auf, als wir telefonierten und schon nach wenigen Minuten klar war, dass wir uns wiedersehen würden. Also, ich kam eine halbe Stunde vor zwölf an. Von Frau Fröhlich keine Spur. Ich ging um den Parkplatz herum, zur Herkules-Statue, zum Restaurant, wieder zum Auto zurück. Dann, fast auf die Sekunde genau um zwölf Uhr, bog ein alter weißer Saab auf den Parkplatz ein. Ich wusste, das ist sie. Ich sah nur noch sie. Sie hielt neben mir, wir waren nur noch durch das Blech ihres Wagens voneinander getrennt, nicht mehr durch fünfhundert Kilometer! Mir schlug das Herz bis zum Hals. Was jetzt, was würde passieren? Sie war dort und sie stieg aus. Schwungvoll, sie ist sehr dynamisch, nicht hektisch, nein, zielstrebig. Sie kam sofort auf mich zu. Ich dachte gar nichts mehr, son-

dern überließ mich ganz dem Moment, dem Moment, als wir uns in die Arme schlossen.
Es war neu, es war aufregend, aber auch so, als hätten wir nie etwas anderes gemacht, als uns zu umarmen. Verstehst Du, was ich meine? Es passte einfach zu einhundert Prozent, es war ganz natürlich. Nichts, worüber ich nachdenken musste, es war vertraut, es war schön, es war intim und respektvoll. Ich will jetzt nicht pathetisch klingen, aber es war ein perfekter Moment, mein „erstes Mal" mit Frau Fröhlich.

Betreff: mit Herr Nowitzki in Kassel ✉
Datum: 24.09.2012, 13:00:00
Ich bin sprachlos. Mein Herz klopft. Es klingt so schön, was Du schreibst! Aber ich habe am vergangenen Freitag auch etwas erlebt in Kassel. Ich habe den Nowitzki getroffen. Auf der Fahrt dorthin war ich noch ganz ruhig. Der Feigling hatte mir vorher schon zweimal abgesagt. Erst hatte er seine Arbeit, dann seine Familie vorgeschoben. Nun sollte unser Tag doch noch kommen. Mein Herz pochte wie nach einem Sprint, als ich mein Auto! direkt neben seinem Kleinstwagen parkte. Ich stieg aus, der Zündschlüssel fiel mir aus der Hand. Ich hatte längst vergessen, wie es sich anfühlt, so aufgeregt zu sein.
Wir umarmten uns sofort, lange. Seine Hände streichelten meinen Rücken hinab und landeten auf meinem Po. Ganz schön forsch, der Nowitzki, dachte ich. Ich küsste ihn jeweils einmal auf jede Wange, schaute ihm danach fest in die Augen und stellte laut und deutlich fest, dass er doch nur ein Frosch blieb, um ihn ein wenig zu necken. Für mich war er natürlich der lang ersehnte Prinz, ohne Schimmel, aber mit Kleinstwagen.
Wir traten unseren Spaziergang an. Wie vorher besprochen, habe ich mich bei ihm untergehakt. Aber nur für wenige Minuten. Er schüttelte meinen Arm ab, doch nur um meine Hand zu nehmen. Wir spazierten wie ein Liebes-

paar durch den Habichtswald, der in diesem Moment ein magischer Ort für mich wurde.
Es dauerte keine zwei Minuten, bis er mich geküsst hatte. Damit verlor er unsere Wette in Rekordzeit. Schnell fanden wir eine Parkbank. Er lag darauf, ich saß auf ihm. Wir redeten, küssten und berührten uns. Ich suchte seinen Körper nach seinem Brustbeutel ab. Dabei streichelte ich ganz vorsichtig und sanft alle möglichen Verstecke. Der Nowitzki war für jede kleine Berührung dankbar, stöhnte und schaute mich so glücklich an. Ich vermute, dass er lange nicht so gestreichelt wurde, dass sich seine Frau seit Jahren nicht mehr für seinen Brustbeutel interessiert hatte. Bei alldem hatten wir Zuschauer: Rentner, Kinder, Familien, Spaziergänger. Dass der Bergpark voll Menschen war, interessierte uns nicht. In diesen acht perfekten Stunden mit Herrn Nowitzki habe ich mein Defizit an Zärtlichkeiten der letzten fünf Jahre aufgeholt.
Nur eines hatte mich irritiert. Als wir im Café saßen, um uns zu stärken, hat er mich gefragt, ob ich kochen kann. „Klar“, sagte ich, „aber nur für mich.“ Ich wollte damit vermeiden, dass er in mir ein Heimchen sehen könnte. Ich habe damit schlechte Erfahrungen gemacht. Schneller als man „Kochtopf“ sagen kann, könnte man von der Begehrten zur Mutti werden. Ich will nur Frau sein. In Kassel war ich das.
Später haben wir die versprochene Cabriofahrt gemacht. Ich habe den Mann auf einen Wanderparkplatz entführt. Das Verdeck meines Autos war offen, wir klappten die Sitze vor und machten es uns auf der Rückbank bequem, sofern man es auf einer Rückbank überhaupt bequem haben kann. Ich saß auf seinem Schoß. Er hatte seine Nase zwischen meinen Brüsten vergraben und berauschte sich an meinem Parfüm.
Dann passierte mir eine kleine Peinlichkeit. Ich blickte nach unten und sah, dass ein kleines Speckröllchen flüchtig war

und den Weg über meinen Hosenbund hinaus gefunden hatte. Ich sortierte und schämte mich. „Damit rennst Du bei mir offene Türen ein“, sagte er, als er mich beim dezenten Verstauen des Röllchens beobachtete. „Damit bin ich nicht zu schocken.“ Glück gehabt. Sofort dachte ich darüber nach, wie viele Speckröllchen seine Frau wohl hat, wenn ihm mein eines klein und niedlich erschien.

„Bremse mich, wenn ich zu frech werde“, hat er gesagt. Schneller als ich antworten konnte, huschte seine Hand in meinen Hosenbund hinein. „Der Moment, wo du zu frech bist, ist genau jetzt.“ Nur eine kurze Berührung durfte er erhaschen, für sein erotisches Erinnerungsvermögen.

Dann hatte ich mich selbst nicht mehr in der Gewalt. Ich tat, was ich noch nie beim ersten Treffen mit einem Mann getan habe. Ich habe die Zügel einfach fahren lassen. Wir haben nicht miteinander geschlafen, aber ich sage es einmal so: Ich habe auf der Rückbank meines Autos ein „Lippenbekenntnis“ geleistet. Nur mein Plüsch-Elch, der stets im Saab mitfährt, sah dabei zu. Ich glaube, ich habe ihn sehr überrascht, den Elch und den Nowitzki. Ich schäme mich fast dafür.

Dann kam der Abschied. Er war sehr ernsthaft. Ich habe mit Mühe meine Tränen heruntergeschluckt, er sollte mich auf keinen Fall heulen sehen.

Wir gingen auseinander, ohne uns neu zu verabreden. Er fuhr nach Bonn, ich nach Leipzig. Die Fahrbahnbegrenzung verschwamm unter meinem Tränenschleier. Ich fühlte Glück und Abschiedsschmerz zugleich. Nun trennten uns wieder fünfhundert Kilometer und sein bevorstehendes Familienwochenende.

Etwas konnte ich aber von ihm behalten, ein kleines braunes Kästchen, sein Geschenk für mich.

* * *

✉ **Betreff: Herkulesopfer**
Datum: 25.09.2012, 09:56:55
Meine liebe Anna,
ich habe auf dem Rückweg die Chanson-CD gehört, die Du mir geschenkt hast. Damit konnte ich Dir weiterhin nahe sein.
Treffe ich heute den richtigen Ton? Liest sich das unterkühlt? Im Vergleich zu dem, was wir am Freitag erlebt haben, wahrscheinlich schon. Das war echt, so nah, so intensiv, so schön, einfach wunderbar. Wenn ich die Augen schließe, spüre ich Deine Hand auf meinem Gesicht, Deine Lippen auf meinen Lippen, auf meiner Brust, ich kann Dich riechen, Anna, bis hierher nach Bonn.
Was drehst Du heute für einen Film? Bist Du in Sachsen unterwegs? Wahrscheinlich hast Du es mir sogar erzählt und ich habe es vergessen. Es gab aber auch so viel Wichtigeres. Der Glanz Deiner Haare, Deine Augen, die mich genau betrachten, Deine Brüste. Ach! An dieser Stelle wechsle ich besser das Thema.
Am Samstag habe ich bis zwölf geschlafen, ich fühlte mich so erschöpft. Dann bin ich gelaufen, natürlich nur um in Deine Küchenschürze Modell „Heimchen“ hineinzupassen. Fühl Dich umarmt, geküsst und gestreichelt. Vielleicht weißt Du ja noch, wie sich das anfühlt? Vielleicht willst Du das aber auch gar nicht mehr wissen, Dich nicht daran erinnern. Leichter ist es nicht geworden für uns beide. Herkules hat Opfer gefordert: Meinen Kopf, mein Herz und meine Seele habe ich in Kassel gelassen. Ich bin dankbar dafür, dass es Dich gibt, und dass Du mir einen so schönen Tag schenktest. Hast Du mein Präsent schon aufgemacht? Ich vermisse Dich. Roger

✉ **Betreff: Schmetterling**
Datum: 25.09.2012, 10:34:34
Würde es Dir helfen, wenn ich Dir schreibe, dass ich mit Genuss und Sehnsucht daran denke, meine Nase in Dei-

ne Brusthaare zu tauchen, Deinen Duft einzuatmen, Deinen Bauch zu küssen, mit meiner Zunge auf die Suche zu gehen? Ich kann fast Deine Wärme spüren. Wenn ich das schreibe, höre ich Dein leises Stöhnen. Du schließt die Augen und genießt. Ausatmen! Mein Kopf in Deinem Schoß war wirklich nicht geplant. Ich wollte Dich nur nicht der Gefahr aussetzen, mit blutleerem Hirn die Heimreise nach Bonn anzutreten. Ich musste Erste Hilfe leisten. Ich kann mich gar nicht daran erinnern, wann ich zum letzten Mal so viel Zärtlichkeit gegeben habe und im Gegenzug so sehr damit überschüttet wurde. Ich habe beiderseits 567 Küsse gezählt. War das ein schöner Tag! Er war echt! Keine Illusion!
Ich traute mich nicht, Dir gleich am Tag danach zu schreiben. Ich dachte, Du musst erst einmal zu Dir kommen. Ich brauchte Zeit, um die Wucht der Eindrücke zu verarbeiten. Heute, nur vier Tage nach unserem Treffen, habe ich das Gefühl, unser Tag liegt Monate zurück. Der Abstand fühlt sich sogar an wie hundert Lichtjahre.
Wie fühlst Du Dich? Was denkst Du? Bist Du zu Hause gut durch Lügendetektortest, Leibesvisitation und Geruchsprüfung gekommen? Rein äußerlich habe ich keine Spuren an Dir hinterlassen. Nur ganz tief in Deinem Herzen, hoffe ich.
Ich will Dir für Dein Geschenk danken. Er ist ein sehr besonderes Präsent. Es ist der erste und vermutlich letzte aufgespießte Schmetterling, den ich geschenkt bekomme. Ich zittere vor Glück, wenn ich die braune Schachtel öffne und nach ihm sehe, prüfe, ob sein Moosbett gut aufgeschüttelt ist. Ich gehe davon aus, dass Du beim Kauf des „Admirals“ nicht nachgedacht hast. Ich hingegen interpretiere viel in die Tierleiche hinein. Er passt zu unserer Situation. Steht er für die vielen Schmetterlinge, die in unseren Bäuchen ihre Kreise ziehen? Steht er dafür, dass Du Dich nur ein einziges Mal bei mir niederlässt und dann unbeschwert zur nächsten Blüte weiterflatterst? Oder steht das tote Tier

dafür, dass die Schönheit die wir zusammen erleben, der Hauptgewinn, nach dem sich jeder Mensch sehnt, so vergänglich ist? Schmetterlinge haben nur wenige Tage zu leben.
Wenn ich Dir jetzt zum Abschied schreibe, dass ich Dich küsse, dann weiß ich sogar, wie schön sich das anfühlt.
Anna

* * *

✉ **Betreff: Re: Schmetterling**
Datum: 26.09.2012, 09:54:07
Anna, ich fühle mich nach wie vor von jeder Deiner Zeilen gestreichelt. Mein Sohn sitzt neben mir im Büro und macht Mathematik-Hausaufgaben, ich wandere also zwischen Mordbuchschreiben mit Oliver, dem Umwandeln von Zahlenbrüchen und der Vorstellung von Dir hin und her.
Mein Wochenende lief ab wie ein Film, bei dem ich mich selber beobachtet habe. So viele Sinneseindrücke! Das ist schwer und schön zugleich, ein Spagat. Deine Hände, Deine Haut, Dein Mund, ich fantasiere schon wieder, dabei will ich etwas anderes sagen. Etwas, das über die körperliche Sinnlichkeit hinausgeht, die Seele berührt, das Herz. Du berührst mich, Anna. Das ist schön, der Tag mit Dir war wunderbar. Ein Traum? Nein, echt. Der stärkste Kontrast zu meinem Familienwochenende, den ich mir vorstellen kann. Ich kann Dir nicht sagen, wie lange ich diesen Spagat leisten kann.
Den „Admiral“ habe ich im Blumenladen an der Ecke entdeckt. Was steckt hinter diesem Geschenk? Mir fiel erst nach dem Kauf auf, dass ein Schmetterling einen großen Interpretationsspielraum bietet. Was hat er zu bedeuten? Vielleicht, die Schönheit des Augenblicks zu erkennen und zu genießen, im Hier und Jetzt zu leben?
Du hast recht, ich habe an nichts dergleichen gedacht, als

ich ihn kaufte. Ich bin ein Mann, also denke ich generell wenig. Aber wenn ich jetzt denke, dann an Dich, und ich frage mich, was ich Dir von mir geben kann. Was wollen wir? Wollen wir eine Affäre? Seltene Augenblicke voller Zärtlichkeit und Leidenschaft? Aus der Zeit gehoben? Verbunden durch sehnsuchtsvolle E-Mails? Wollen wir uns wiedersehen? Wirke ich durcheinander?
Ich muss Victor nach Hause bringen. Ich verabschiede mich von Dir, von Deinem Duft, der meiner Frau nicht aufgefallen ist, von der Vorstellung, Dich genau jetzt zu küssen, über Deine Wange zu streicheln, Deinen Nacken zu berühren, Dein kleines Ohr zu liebkosen, meinen Kopf in Deinem Ausschnitt zu vergraben. Morgen rufe ich Dich an, wenn Du es willst. Ich möchte so gerne Deine Stimme hören. Bis morgen, Anna. Ich halte Dich ganz fest! Ganz fest!

* * *

Betreff: Affäre? ✉
Datum: 27.09.2012, 07:30:01
Du tust mir weh. Affäre klingt defizitär, schmutzig, minderwertig. Gibt es nicht ein besseres Wort dafür? Affäre klingt nach Sex in beiderseitigem Einvernehmen, nach mehr nicht. Aber bei uns geht es um mehr. Wir sind verliebt. Ich habe es Dir sogar persönlich in Dein hübsches Ohr geflüstert. Sich so zu verlieben, ist nicht wie ein Schnupfen, der in drei Tagen auskuriert ist. Wir haben keinen Schnupfen, sondern ein gesundes Problem. Gib dem Kind einen anderen Namen, bitte! Nicht Affäre!

Betreff: Re: Affäre? ✉
Datum: 27.09.2012, 10:31:51
Oh, Anna, verzeih mir, ich wollte Dich niemals beleidigen. Nichts ist schmutzig, was uns verbindet. Es geht doch um mehr. Um eine Liebe auf Zeit. Verzeih, verzeih, verzeih mir!

✉ **Betreff: Was?!**
Datum: 27.09.2012, 10:32:59
„Eine Liebe auf Zeit"? Ich fühle mich wie ein aufgespießter Schmetterling! Was soll das sein? „Liebe auf Zeit"? Wann endet denn unsere Zeit? Zu Weihnachten? Zu meinem vierzigsten Geburtstag?

✉ **Betreff: Re: Was?!**
Datum: 27.09.2012, 10:33:54
Aber nein, Anna. Ich meine damit die begrenzte Zahl der Stunden, die wir miteinander haben. Mehr steckt nicht dahinter.

* * *

✉ **Betreff: Was machen wir?**
Datum: 28.09.2012, 19:03:52
Du siehst mich unter Tränen, während ich Dir schreibe. Mein Mail-Papier ist aufgeweicht, ich heule Buchstabensuppe.
Ich habe unseren Tag genossen, er hat mich süchtig gemacht, ich brauche mehr davon. Wie oft im Leben verliebt man sich so sehr? Einmal? Zweimal? Ich brauche dringend Tage mit Dir. Aber Du bleibst, wo Du bist, aus Verantwortungsgefühl, Pflichtbewusstsein und Gewohnheit. Verliebt man sich in eine andere Frau, wenn das Leben zu Hause perfekt ist? Für Pflichtgefühle ist es zu kurz! Aus reinem Selbstschutz denke ich darüber nach, mich von Dir zu verabschieden, unsere wunderbare Verbindung zu trennen, wenn wir nicht eine annehmbare Lösung finden. Ich sehe vier Möglichkeiten für uns.

1. Wir brechen sofort ab, weil Du weißt, dass unser Glück Konsequenzen fordert, die Du nicht ertragen möchtest. Wenn Du Dich für Variante eins entscheidest, versprich mir, Dich nie mehr zu melden, auch nicht zu Weihnach-

ten und nicht zu meinem vierzigsten Geburtstag. Ich verspreche Dir im Gegenzug das Gleiche.

2. Du folgst Deinem aktuellen Gefühl und Deiner Leidenschaft für mich. Du verlässt Deine Frau, behältst einen halben Sohn und bekommst eine ganze Anna. Wir würden zunächst ein anstrengendes, aber lohnenswertes Leben zwischen zwei Städten antreten. Dank moderner Verkehrsmittel können wir uns sehen, so oft wir wollen. Wir könnten den Rausch des Anfangs auskosten und zusammen das besondere Kino in Köln besuchen.

3. Folgende Variante kommt für mich nicht infrage: Ich bin so etwas wie die Gelegenheitsgeliebte auf Abruf. Du triffst mich drei- oder viermal im Jahr. Zwischen diesen Treffen fühle ich mich monatelang hingehalten, verliere Gewicht und werde krank. Meinst Du damit „die begrenzte Zahl der Stunden"? Dafür ist mir meine Lebenszeit zu schade.

4. Ich werde Deine „Reisende Geliebte" und Du mein „verheirateter Freund". Das klingt zwar absurd, ist aber nicht unmöglich. Du hast mich dabei immer im Hinterkopf und machst ein Schubfach für mich auf. Ich kann mich auf unsere Treffen verlassen. Ich kann mich damit anfreunden, damit leben und mich darauf freuen und Dir dazwischen sehnsuchtsvolle E-Mails schreiben. Ich würde sogar meine Flugangst überwinden und für eine Nacht mit Dir nach Köln/Bonn fliegen. Ich kann mich auf Dein Herz verlassen, Du Dich auf meins. Wir gehen nie auseinander, ohne zu wissen, ob und wann wir uns wiedersehen. Damit könnte ich gerade so leben, ohne mir selbst zu sehr zu schaden. Wir könnten uns temporär glücklich machen. Kannst Du das?

5. Du hast eine andere, bessere Idee.

Kurzum, ich brauche eine Entscheidung. Die Ungewissheit kann ich nicht länger ertragen.

✉ **Betreff: Re: Was machen wir?**
Datum: 28.09.2012, 19:18:44
Du hast recht, meine Anna. Ich fühle mich, als hätte ich eine Grippe. Wir müssen eine Entscheidung treffen. Nein, ich muss eine Entscheidung treffen. Mein Herz ist schwer. Ich will mich nicht entscheiden müssen. Und jetzt kommt auch noch das Wochenende. Das macht es für mich nicht einfacher.

***

✉ **Betreff: Bedeutungsvernebler!**
Datum: 01.10.2012, 07:12:24
Roger? Wo bist Du? Eine Schwere drängt sich in unser Glück.

***

✉ **Betreff: Letzter Tango für zwei Königskinder**
Datum: 02.10.2012, 09:34:02
Roger, ich halte das Warten, die Ungewissheit nicht mehr aus. Ich habe jetzt drei Tage lang so getan, als ob mir Dein Schweigen nichts ausmacht. Tut es aber doch! Es tut mir weh! Dein Beziehungskredit bei mir ist aufgebraucht. Ich steige aus.
Keiner von uns hat den anderen gesucht, wir haben uns zufällig gefunden. Die Liebe ist ein Geschenk!
Ich wünsche Dir viel Glück, und wenn Du Dich wieder verliebst, dann steh zu Deinen Gefühlen. Das wäre dann echte Leidenschaft.
Anna

***

Betreff: Nachschlag: „Der Himmel über Jonsdorf" ✉
Datum: 03.10.2012, 10:04:55
Kevin: „Ich bin so verliebt in Dich, Chantal! Ich hol Dir die Sterne vom Himmel."
Chantal: „Au ja, ich liebe Dich auch, her mit dem ersten Stern!"
Kevin: „Hm, ich hab grad keine Leiter da. Ich muss langsam schauen gehen, ob ich eine finde, vielleicht kann das einige Lichtjahre dauern."
Chantal *(schweigt, starrt nach oben)*: „Sieh mal, Kevin, der Himmel ist weg."

Betreff: Re: Nachschlag: „Der Himmel über Jonsdorf" ✉
Datum: 03.10.2012, 18:33:22
Habe ich Dich hingehalten? Ich musste nachdenken, überlegen, aus Verantwortung. Ach, das spielt jetzt auch keine Rolle mehr. Ich setze an, breche ab, setze an, breche ab. Meine Feder ist stumpf.
Mein Leben ist keine Literatur. Ich bin echt, ich habe Gefühle, und ich habe nicht mit Deinen gespielt. Heute ist Feiertag. Ich sitze also zu Hause wie ein Trauerkloß, meine Frau stellt Fragen. Ich lüge weiter. Heute fehlen mir die Worte. Ich fühle mich taub. Ich fühle mich wie eine Hülle. Ich bin nicht mehr da.

* * *

Betreff: Broken Heart Syndrom ✉
Datum: 04.10.2012, 09:57:08
Lieber Roger, heute Nacht bin ich aufgewacht, weil ich zum ersten Mal in meinem Leben eine Herzattacke hatte. Ich schreckte gegen drei Uhr auf. Mein Puls raste bei geschätzten einhundertundachtzig Schlägen. Im Ruhezustand klopft mein Herz gerade fünfzig Mal pro Minute. Es war beängstigend. Mein Herz hatte sich verselbstständigt,

wie ein Motor, der plötzlich von ganz allein im Leerlauf die Drehzahl erhöht und aufheult. Unheimlich!
Während ich darüber nachdachte, einen Notarzt zu holen, versuchte ich, große ruhige Atemzüge zu machen. Es gelang mir, mein aufgescheuchtes Herz zu bremsen. Mir wurde klar, dass das Herz als Organ sehr wohl mit dem „gefühlten Herzen" zusammenhängt.
Und ich denke, ich habe zu früh entschieden abzulieben, unsere Verbindung übereilt abgebrochen. Es war ein Fehler. Können wir heute Abend telefonieren? Anna

* * *

✉ **Betreff: Entscheidung**
Datum: 05.10.2012, 08:59:33
Anna, es hat mich so erleichtert, Deine Stimme am Telefon zu hören. Ich hatte das Gefühl, mich von einer Tracht Prügel zu erholen.
Es war nicht geplant, dass ich mich verliebe. Ich hatte mir von Anfang an ein Leben mit Dir vorgestellt, sonst wäre ich nicht nach Kassel gefahren. Ich meine, nur für Sex mache ich keine Reise durch die halbe Republik. Aber ich kann mir in diesem Moment nicht vorstellen, meiner Frau zu sagen, dass es Dich gibt in meinem Leben, und ich möchte auch nicht in das wütende Gesicht meines Sohnes blicken, weil ich ihm damit seine Familie zerstöre. Ich bin hier noch nicht fertig.
Anna, Du bist noch da, wir haben uns nicht verloren. Hast Du über unseren Beschluss von gestern Abend noch einmal geschlafen? Willst Du das wirklich, meine Anna? Mich teilen? Ein Doppelleben?

✉ **Betreff: Re: Entscheidung**
Datum: 05.10.2012, 09:18:09
Ja, ich will, denn ICH muss kein Doppelleben führen. Das

ist allein DEIN Part. Für mich bist Du der Einzige in meinem Leben. Und ich habe auch keineswegs das Gefühl, Dich teilen zu müssen. Von dem, was Du mir gibst, kann Deine Frau nur noch träumen. Sie wird Dich nie wieder so erleben, wie ich Dich jetzt erlebe. Es gibt nichts zu teilen zwischen mir und Deiner Frau. Sie bekommt eine andere Seite von Dir, Alltag, Sicherheit, aber Deine Leidenschaft, die brennt nur für mich. Das kannst Du nicht leugnen.
Ich nehme, was ich kriegen kann von Dir. Und deshalb denke ich nicht länger nach. Buche ein Hotel für uns. Nach Kassel ganze zwei Wochen ohne Dich zu sein, waren genau zwei Wochen zu viel. Deine „Reisende Geliebte" kann es nicht erwarten, Dich zu sehen und endlich mit Dir zu schlafen. Es ist aufregend, es hat etwas Verruchtes und es wird uns neue Schmerzen bereiten. Auf welchen Namen taufen wir unsere komplizierte Zweisamkeit? Und warum warst Du gestern so schweigsam am Telefon?

Betreff: Das Experiment ✉
Datum: 05.10.2012, 09:20:56
Ich war so schweigsam, weil ich mit den Tränen gekämpft habe. Jetzt bin ich meinen Bleirucksack endlich wieder los, Anna.
Wir taufen unsere Verbindung „Experiment". Vielleicht kriegen wir nicht das, was wir wollen, aber bekommen das, was wir brauchen.

Betreff: Re: Das Experiment ✉
Datum: 05.10.2012, 09:23:09
Für mich ist wichtig, dass unser Abschied nicht wieder so schlimm wird wie der in Kassel. Dieses Mal will ich dabei lächeln, weil ich weiß, dass die Fortsetzung des Experiments folgt. So kann ich es ertragen, mir mit Dir Dein Doppelleben zu teilen. Carpe diem! Nutze den Tag! Schon nächste Woche könnte ich tot sein. Ich will Dich, Roger!

✉ **Betreff: Aw: Das Experiment**
Datum: 05.10.2012, 09:25:02
Ich will Dich auch, Anna. Die Planung läuft und jetzt ist leider schon wieder Wochenende, wir müssen uns auf gelegentliche SMS beschränken. Ich küsse Dich – immer in Gedanken, bis Montag ist.

* * *

✉ **Betreff: Roger der Profi**
Datum: 08.10.2012, 06:59:19
„Planung", das hat so einen professionellen Anstrich. Hast Du Dich schon einmal verirrt während Deiner Ehe? Hast Du Deine Frau schon einmal betrogen oder bin ich die Erste?

✉ **Betreff: Re: Roger der Profi**
Datum: 08.10.2012, 10:02:02
Eine sehr berechtigte Frage, Frau Fröhlich! Die Antwort ist leider: Ja.

✉ **Betreff: Sammlerleidenschaft?**
Datum: 08.10.2012, 10:03:59
Nein! Oh, nein, das wollte ich nicht hören. Jetzt bin ich nur eine weitere Perle auf der Schnur.

✉ **Betreff: Reanimation**
Datum: 08.10.2012, 10:08:04
Aber nein, Anna, das war alles ganz anders. Ich habe eine alte Liebe wieder aufgewärmt, sie reanimiert. Ich hatte die Frau damals vor meiner Flucht in den Westen begehrt, aber nicht bekommen. Jahre danach trafen wir uns in meiner alten Heimat wieder. Was soll ich sagen? Wir haben es getan. Ich hatte sie noch ein weiteres Mal unter einem Vorwand besucht. Meine Frau hat mich sehr schnell durchschaut. Sie wollte sich trennen, mich aus der Woh-

nung werfen. Sie hat es nicht geschafft. Ich bin geblieben. Kurz darauf haben wir unseren Sohn gezeugt. Nicht um unsere Ehe zu kitten. Es ist einfach passiert. Heute bin ich froh, ihn zu haben.
Von der Frau damals habe ich nie wieder etwas gehört. Es war eine schmerzvolle Zeit. Das klingt so kalt. Das bin ich nicht. Ich will Dir das gerne persönlich erzählen. Ich will, dass wir uns dabei ansehen können. Alles andere würde sich nicht richtig anfühlen.

Betreff: Re: Reanimation ✉
Datum: 08.10.2012, 10:11:56
Gut, ich werde Dich daran erinnern. Mein erster Schreck ist vorbei. Ich bin so froh, so voller Vorfreude. Ich weiß sogar schon, was ich anziehen werde, am Tag unseres Treffens. Ich habe ein schwarzes Kleid für die kalte Jahreszeit. Es hat vorne einen Reißverschluss, der bis nach unten zum Saum reicht. Es ist wie ein Selbstbedienungskleid, nur für Dich. Du musst allerdings Absatzschuhe anziehen. Ich trage meine hochhackigen Stiefel zu diesem Gewand und ich würde Dir gerne auf Augenhöhe begegnen, wenn wir uns endlich wiedersehen.

* * *

Betreff: Treffen ✉
Datum: 09.10.2012, 11:39:22
Ich schreibe Geschichten, den ganzen Tag, aber nicht an Dich. Die Vorstellung von Dir in dem schwarzen Kleid mit dem Reißverschluss vorne macht mich verrückt. Ich suche schon ein Hotel für uns in der Umgebung von Bonn. Wie wäre es mit Köln am 22. Oktober? Ich nehme nur eines, wo ein kleiner Hocker für mich bereit steht, auf den ich mich zur Begrüßung stellen kann, weil ich so lange, wie wir uns küssen werden, nicht auf Zehenspitzen stehen kann.

Ich denke, wenn wir nicht verunglücken oder sterben, findet unser Treffen schon übernächste Woche statt. Anna, im Hotel, nur Du und ich. Was wird da passieren?

✉

Betreff: Westpäckchen
Datum: 09.10.2012, 11:41:00
Es muss vorher noch etwas passieren! Kannst Du bitte gleich morgen zur Post gehen und Dein Hemd von heute für mich einpacken und nach Leipzig schicken? Und eins von Deinen Mordbüchern darfst Du auch dazulegen, eins mit einer persönlichen Widmung von Dir für mich.

✉

Betreff: Re: Westpäckchen
Datum: 09.10.2012, 11:44:30
Mir geht es so gut heute, Anna. Es geht mir außerordentlich gut mit der Vorstellung, Dich bald wiederzusehen. Mein Hemd von heute geht morgen auf reisen. Ich schicke Dir wirklich mein letztes Hemd. Wird das Dein erstes Westpaket? Das Buch überreiche ich Dir lieber persönlich, mit einer Widmung, die nur für Dich bestimmt ist.
Ich freue mich! Bis morgen, Roger

* * *

✉

Betreff: Überraschung
Datum: 10.10.2012, 09:07:17
Roger, hier ist ein Geschenk für uns. Du darfst nicht nur eine, sondern ganze zwei Nächte im Hotel buchen. Ich habe Urlaub, ich darf in Hotels schlafen, so oft ich will. Danach reise ich weiter zum Wandern zu Freunden in die Schweiz. Was sagst Du? Verehrter, Begehrter? Gefundener? Verlorener? Wiedergefundener?

✉

Betreff: Re: Überraschung
Datum: 10.10.2012, 09:08:45
Die Aussicht darauf macht mich schwindelig.

Betreff: Geschichten erzählen
Datum: 10.10.2012, 09:10:21
Roger, erzähl mir noch etwas von Dir, bevor wir uns sehen. Vielleicht hast Du noch ein oder zwei Geschichten für mich. Ich will mehr über Dich wissen. Ich möchte Geschichten hören, die mich vielleicht noch zur Vernunft bringen und mich davon abhalten, Dich in zwölf Tagen im Hotel in Köln zu treffen.

Betreff: Re: Geschichten erzählen
Datum: 10.10.2012, 09:56:23
Okay, wird gemacht, aber erst morgen. Ich muss heute wirklich viel arbeiten. Meine Geschichten sind zu lang für SMS.

* * *

Betreff: „Zum ersten Mal"
Datum: 11.10.2012, 12:01:01
Nun sollen Deine Sonderwünsche erfüllt werden. Ich eröffne für Dich die Rubrik: „Zum ersten Mal". Heute liest Du: Zum ersten Mal: Klauen.
Ich habe keine kriminelle Ader, lüge nicht gern. Ich lüge ungern und nur dann, wenn ich ein wunderbares Geheimnis für mich behalten muss. Aber es gab in meinem Leben zwei Phasen, in denen ich geklaut habe. Mit siebzehn in meiner Ausbildung zum Wirtschaftskaufmann, immer wenn wir Theorieunterricht hatten, immer im selben Laden, immer in der Mittagspause und immer Zigaretten. „F6" hieß die Marke damals. Eine Packung kostete 3,20 Ostmark. Das war ein Vermögen für mich. Und ich war süchtig, also vermindert schuldfähig.
Mein Freund Bert und ich kauften Pfeffis für einen Groschen, und während sich der eine von uns zum Bezahlen weit in das Sichtfeld der einzigen Kassiererin im Laden beugte, griff der andere schnell die Zigaretten, die vor

der Kasse auslagen. Jeden Tag, vier Wochen lang, bis wir wieder im Betrieb arbeiten mussten. Es wurde zur Routine, endete aber im dritten Ausbildungsjahr, weil wir mehr Geld bekamen, zweihundertundachtzig Mark jeden Monat. Erwischt zu werden, hätte den Rauswurf bedeutet.
Mein erster Diebstahl fand aber schon einige Jahre früher statt und meine Beute war eine „Schlagersüßtafel". Ostschokolade ohne Kakao. Es gibt sie immer noch! Ich wollte sie, also ging ich mit einer Horde Kinder in die Kaufhalle. Wären die Regale voll gewesen, hätten wir uns wie im Westen gefühlt, aber es war auch so aufregend genug. Ich steckte eine „Schlagersüßtafel" in meine Jackentasche. Das Herz schlug mir bis zum Hals und unter meiner Bommelmütze lief mir der Schweiß. Wir lebten damals auf dem Dorf, jeder kannte mich, die Kassiererinnen waren gleichzeitig auch Mütter von Freunden oder noch schlimmer: im Elternbeirat. Wahrscheinlich war das der Grund, weshalb es so lange dauerte, bis sie einen von uns erwischten. Sie dachten einfach nicht, dass wir so blöd wären, es vor ihrer Nase zu versuchen. Sie hatten sich getäuscht. Wir machten einen regelrechten Sport daraus. Klauten Batterien, die keiner brauchte, oder Seife, die wir in den kleinen Bach warfen. Umweltschutz war 1981 in der DDR noch nicht erfunden. Es ging gut, bis einer von uns erwischt wurde, und zwar mit einem „Leckermäulchen", dem süßen Quark, der heute noch in Weißenfels hergestellt wird. Damals gab es genau zwei Sorten davon: Vanille und Erdbeere. Oft wuchsen dem Quark bereits graugrüne Haare, bevor er sein Verfallsdatum erreicht hatte. In der 500-Gramm-Packung war er viel zu groß zum Klauen. Aber für ein dickliches Kind, wie für meinen Klassenkameraden Mike, war der Quark wohl zu verführerisch.
Seine Strafe war furchtbar. Öffentliche Zurschaustellung beim Fahnenappell vor der ganzen Schule, persönliche Stellungnahme in der Pionierversammlung und Vorladung der Eltern zum ABV, zum Abschnittsbevollmächtig-

ten. Erinnerst Du Dich noch an diese Herren? Männer, die im Wohnviertel „ein Auge auf alles haben“ sollten? In der vorhergehenden Diktatur hießen die „Blockwart“. Ich finde, diese Bezeichnung wäre auch für den ABV zutreffend gewesen, schließlich machte er uns zwischen unseren Wohnblocks die Aufwartung.
Ich klaute nie wieder irgendwas, bis auf Zigaretten, sechs Jahre später.

Betreff: Re: „Zum ersten Mal“ ✉
Datum: 11.10.2012, 15:28:03
Du Dieb! Das reicht nicht, um mich abzuschrecken. Noch eine Geschichte!

* * *

Betreff: Der Jobkiller ✉
Datum: 12.10.2012, 14:20:00
Eine schräge Geschichte, die eine folgenreiche Dynamik annahm.
Ich war im dritten Ausbildungsjahr. Die praktische Arbeit des Wirtschaftskaufmannes im Betrieb war darauf ausgerichtet, „mit dem geringsten gesellschaftlichen Aufwand, einen optimalen Nutzen im Produktionsprozess zu erreichen“. Das war ein Zitat aus der Berufsbeschreibung des Ausbildungsberufes und klingt erst einmal gar nicht so verkehrt. So machen es die Kapitalisten auch, mit geringstem Aufwand den größten Nutzen erzielen.
Die Sache wurde in der DDR erschwert. Material, Werkstoffe und Maschinen und auch Arbeitskräfte ließen zu wünschen übrig, das wussten wir ja alle. Kreativität und Erfindergeist waren gefragt, auch bei Wirtschaftskaufleuten. Ich war verantwortlich für das Planen und Kontrollieren der Zahlen in unserer Werkstatt. Den praktischen Teil meiner Ausbildung absolvierte ich in einer Maschinenfabrik. Ich werde nie den Geruch von Bohrmilch und hei-

ßen Eisenspänen vergessen. Außerdem hatte ich großen Respekt vor den gewaltigen Drehmaschinen, die nur von einer einzigen Person bedient wurden. Ich hatte Dienst und mir stand nur ein jüngerer Kollege aus dem ersten Lehrjahr zur Seite. Thomas. Nur er und ich hatten die Befugnis, die Produktionsergebnisse zu sammeln und auszuwerten.
Wir Gütekontrolleure und Zahlenverdreher, wie man uns nannte, pflegten handschriftlich die Tabellen mit den Produktionszahlen. Das Wort „Schmierpapier" bekam so für mich eine völlig neue Bedeutung, nicht nur wegen der maschinenölgetränkten Seiten.
Mein Vorgesetzter hatte mich angewiesen, immer deutlich mehr Ausschusszahlen, als tatsächlich entstanden waren, in die Liste einzutragen. Wer viel Ausschuss produziert, kann nicht so viele qualitativ gute Drehstücke zur selben Zeit herstellen. Wir konnten aber nicht mehr fertige Drehstücke auf die Liste setzen, als wir hatten. Aber die Ausschussstücke wurden nicht nachgezählt. Hier konnten wir kreativ sein. Es lief nicht gut im Betrieb. Schuld war natürlich der Materialzulieferer.
Wir fälschten also fleißig die Produktionszahlen mit Ausschussmeldungen, um darüber hinwegzutäuschen, dass der Laden nicht gut lief.
Doch nicht alle waren bereit, die Misswirtschaft unter den Teppich zu kehren. Unser großer Chef bekam davon Wind. Freilich sollte mein Vorgesetzter und Lehrausbilder geschützt werden. Also kamen nur Thomas und ich als verdächtige Zahlenfälscher infrage. Wir wurden beide getrennt voneinander bei der Betriebsleitung vorgeladen. Ich log tapfer und nahm damit in Kauf, dass mein jüngerer Kollege bestraft werden würde.
Einige Wochen später traf ich Thomas auf der Straße wieder. Er war aus dem Betrieb und von der Schule geflogen. Als ich das hörte, verging mir mein Lachen, ich hatte aber nicht den Mut, ihm zu sagen, dass er das mir zu verdanken hatte.

Willst Du Dich weiter mit einem Lügner, wie ich einer bin, treffen?

Betreff: Re: Der Jobkiller
Datum: 12.10.2012, 14:50:34
Ich bin schockiert! Du trägst diese Geschichte Dein Leben lang mit Dir herum? Hast Du Dich an Dein schlechtes Gewissen gewöhnt? Du hast durch Deine Feigheit einem Unschuldigen die Zukunft verdorben! Der Junge konnte daraufhin garantiert nicht wieder Fuß fassen in der DDR. Ich bin entsetzt. Meine Alarmglocken läuten, wie kannst Du nur damit leben? Wirst Du mich eines Tages auch so verleugnen wie Dich selbst?
Treffen will ich Dich allerdings trotzdem. Ich kann nicht anders. Vorausgesetzt, Du schickst mir noch eine versöhnliche Geschichte von Dir.

Betreff: Offenbarung
Datum: 12.10.2012, 18:12:13
Gut, aber das ist wirklich das letzte erste Mal für heute. Eines, das sich gewaschen hat!
Vor dreiundzwanzig Jahren bin ich in den Westen geflohen. Am Anfang bin ich vor allem an den Tücken des Alltags gescheitert.
Wir hatten doch nichts im Osten! Schon gar nicht so eine schicke Toilette, wie die in dem Hotel, in das uns der Elektromeister, der uns nach der Flucht aufgenommen hatte, verfrachtet hat. Nun, ich besuchte die Restauranttoilette im Hotel und wollte mir nach dem Toilettengang die Hände waschen. Aber wie?
Die Armaturen am Waschbecken fehlten. Da ragte nur der Wasserhahn aus der verspiegelten Wand, ohne Drehknauf. Ich habe überall gesucht, oben, unten, die Wände abgeklopft, nichts! Gut, dachte ich mir, ich warte einfach, bis ein anderer Herr sich die Hände wäscht, dann kann ich etwas lernen. Also hab ich gewartet. Und gewartet. Und

gewartet. Dabei war eine Menge los auf der Restauranttoilette. Es ist erschreckend, wie wenig Männer sich danach die Hände waschen. Und ich hab wirklich lange im Waschraum herumgelungert. In meiner stonewashed Jeans hielten mich die Toilettenbesucher wahrscheinlich für einen entlaufenen Ossi, womit sie freilich recht hatten. Als sich endlich jemand die Hände wusch, hatte er sie dafür nur unter den Hahn gehalten. Schon schoss das Wasser heraus. Dahinter steckte ein Infrarotsensor. Der Erste, mit dem ich in meinem Leben konfrontiert wurde. So wurde der Toilettengang für mich zur Offenbarung!

* * *

✉ **Betreff: Maschendrahtzaun**
Datum: 13.10.2012, 05:56:33
Danke für die amüsante Geschichte. Sie relativiert meinen furchtbaren Traum, den ich heute im Morgengrauen hatte und der mich wachgerüttelt hat:
Wir beide stehen an einem Maschendrahtzaun, der so hoch ist wie die Mauer an der innerdeutschen Grenze. Er ist auch so unendlich lang wie die Grenze. Er reicht bis an den Horizont in der Wiesenlandschaft, in der wir stehen. Du auf der einen, ich auf der anderen Seite. Wir können die Finger durch die Maschen im Zaun stecken und uns anfassen und sehen, uns durch die Metallstränge küssen, aber der Zaun steht wie eine Mauer. Wir bräuchten eine Metallzange, um uns den Weg zueinander freizuschneiden. Doch weit und breit ist nichts, nur Landschaft, keine Zange. Wir haben keine Chance! Es ist so traurig und es steht für unser Experiment.

✉ **Betreff: Re: Maschendrahtzaun**
Datum: 13.10.2012, 09:59:55
Kein Zaun kann uns trennen. Die Mauer ist zum Glück schon lange weg. Und wenn ich an sie denke, fällt mir so-

fort der Tag des Mauerfalls ein. Wenn ich Genscher auf dem Balkon in der Prager Botschaft sprechen höre, bekomme ich Gänsehaut. Denn sein Satz war mein Startsignal, sofort zu fliehen. Genau wie die Demonstranten am Dresdner Hauptbahnhof, dachte ich, dass dieser Zug der letzte sein wird, der die DDR verlässt. Danach machen sie alles dicht, da war ich mir sicher, und Demonstrationen würden nach der chinesischen Methode mit Panzern aufgelöst. Zum Glück kam es anders. Hätte ich es geahnt, wäre ich vielleicht noch in Dresden geblieben. Der Tag des Mauerfalls war nahe.

Betreff: Westpäckchen ist da
Datum: 13.10.2012, 11:58:23
Ob Du das glaubst oder nicht, ich weine vor Glück! Meine Wimperntusche zerfließt. Denn eben hat der Postmann bei mir geklingelt. Ich habe gerade Dein letztes Hemd aus der duftdicht verschlossenen Tüte geholt und meine Nase darin vergraben. Dieser Duft! Dein Duft! Ich habe das Gefühl, ich umarme Dich in Kassel, jetzt in diesem Augenblick! Danke, ich freue mich sehr. Die Schokolade essen wir zusammen, den Kaffee trinken wir gemeinsam. Alles, was in ein waschechtes Westpaket gehört, war drin.

Betreff: Re: Westpäckchen ist da
Datum: 13.10.2012, 12:10:22
Meine Liebe, wenn ich daran denke, dass Du nun mein Hemd trägst und ich dann Deine E-Mail lese, dann wird mir ganz flau im Magen. Die Knie werden mir weich und ich bin froh, dass ich sitze. Ich würde Dir jetzt gern Deine Tränen vom Gesicht küssen, Dich in den Arm nehmen.
Unsere erste Umarmung war schön, Anna, ich wusste es schon vorher, aber mit Dir im Arm, war mir endgültig klar, dass ich unsere Wette schnell verlieren würde. Ich kann den Moment, bis Du mir im Hotel die Tür öffnest, kaum noch erwarten. Ich habe gebucht.

Ich muss jetzt ... mein Sohn will an seinen Rechner. Ich kann selbst kaum glauben, was ich hier im Kinderzimmer treibe. Ich buche für meine Geliebte und mich ein Hotel. Ich schäme mich. Bis Montag!

✉ **Betreff: Verliebt**
Datum: 13.10.2012, 23:44:20
Lieber Roger, denk bitte nicht, dass mir nicht klar ist, dass Du neben Deiner Sehnsucht nach mir auch mit Deinem Gewissenskonflikt zu kämpfen hast. Ich weiß es, auch wenn Du nicht darüber sprichst, was mir gefällt. Du musst lügen lernen, damit wir zusammen sein können. Ich trage im Gegenzug auch meinen Rucksack.
Meine Last ist eine andere: Ich weiß, dass Du nie mein Freund sein wirst. Ich bin nur für den Moment Deine Nummer eins. Du wirst immer „nur", welch maßlose Untertreibung, der Mann sein, in den ich unsterblich verliebt bin. Eigentlich ist das doch das Beste, was ich Dir schenken kann! Und weil so etwas nur einmal im Leben passiert, nehme ich es so hin, wie es ist, und mache dieses Experiment mir Dir.

PS: Du bist ein dilettantischer Betrüger. Schreib bitte nie wieder Deine Privatadresse als Absender auf ein Westpaket an mich. Sollte ich es nämlich nicht annehmen können, weil ich nicht zu Hause bin, und sollte sich auch kein Nachbar finden, der es annimmt, dann schickt es die Post zurück zu Dir nach Bonn. Was würde wohl Deine Frau sagen, wenn sie ein Paket aus dem Osten bekommt, das Deine persönliche „Altkleidersammlung" birgt?

* * *

✉ **Betreff: Re: Verliebt**
Datum: 15.10.2012, 08:41:37

Danke für den sachdienlichen Hinweis. Du hast natürlich recht.
Anna! Ich bin so voller Gefühl für Dich und niemand um mich herum, dem ich sagen kann: „Hallo, ich bin glücklich, ich bin verliebt. Doch! So etwas passiert wirklich! Die Frau ist so wundervoll, ich schmelze dahin, wenn ich ihre Zeilen lese."
Doch übermorgen fahre ich mit meiner Familie in den Urlaub, ich hatte es Dir schon einmal am Telefon erzählt.
Meine liebe, liebe Anna, ich kann mich nicht richtig von Dir verabschieden. Ich würde Dich umarmen und küssen und umarmen und küssen. Wir sehen uns bald und Du glaubst nicht, wie ich diesen Augenblick herbeisehne. Direkt nach meinem Urlaub ist es so weit. Anna, ich bin so froh, dass es Dich gibt! Meine Liebe, im Urlaub wird es schwierig, Dir gebührend und schnell zu antworten. Aber, ich denke an Dich, ich denke an Dich, ich denke an Dich!

Betreff: Aw: Verliebt ✉
Datum: 15.10.2012, 09:49:00
Mein Lieber, ja, Du denkst an mich. Aber die Vorstellung, dass Du mit Deiner Familie Urlaub machst, tut mir weh. Ich werde Dich nicht fragen, wie es dort war, wo auch immer „dort" ist. Nachdem Du mir Deine unrühmlichen Geschichten erzählt hast, werde ich Dir an jedem Tag Deines Urlaubs eine Geschichte von mir schicken, damit Du vor unserer ersten Nacht im Hotel weißt, mit wem Du es zu tun hast. Ich setze ab übermorgen unsere Kennenlern-Rubrik fort. Folge eins: „Zum ersten Mal: Abgebrannt".
Gute Nacht und gute Reise, Deine Anna.

// 4. Kapitel – Die Kennenlern-Rubrik //

✉ **Betreff: Abgebrannt – noch fünfmal schlafen**
Datum: 17.10.2012, 10:23:06
Mein lieber Roger, ich eröffne meine Serie der ersten Male für Dich mit einer wahrhaft heißen Story. Ich hoffe, Du hast unser Hotel in Köln nach Brandschutzzertifizierung ausgewählt. Bevor Du mich triffst, solltest Du wissen, dass ich schon einmal mit einem verheirateten Mann in Flammen stand.
Unser heißes Inferno ereignete sich in meiner alten Studentenwohnung in Leipzig, drei Tage vor Heiligabend. Wildes Küssen auf dem Wohnzimmersofa mit anschließendem Umzug ins Schlafzimmer stand auf dem Programm. Es ging heiß her in meinem schmalen Bett. Plötzlich schreckte ich auf. Ein Krachen war aus dem Wohnzimmer zu vernehmen. Ach, das Leben ist hier uns jetzt, in seinen Armen, dachte ich, lass es doch nebenan auch krachen. Das Krachen wurde stärker. Plötzlich gab es ein fauchendes Geräusch, einen Luftsog. Ich löste mich von dem Mann, unter Murren. Nebenan brannte das Fegefeuer! Ich konnte die lodernden Flammen im Wohnzimmer durch den Türrahmen nach mehr züngeln sehen.
Das Telefon stand genau in diesem brennenden Zimmer. Schnurlose Technik gab es damals noch nicht. Wie sollten wir also die Feuerwehr alarmieren? Wir wollten sehen, ob etwas zu retten ist. Ich öffnete das Höllentor und ver-

schwand sofort in einer dichten grauen Rauchwolke, angefüllt mit beißendem Gestank, der vom Brandherd, einer billigen Stereoanlage aus Kunststoff, herrührte. Der Mann und ich versuchten mit Wassereimern zu löschen, es war aussichtslos. Erschwerend kam hinzu, dass wir im dichten Rauch nichts sehen konnten. Splitterfasernackt krochen wir auf allen vieren durch die Wohnung. Auf allen vieren, weil der Rauch am Boden weniger dicht sein sollte. Diese These kann ich nicht bestätigen. Ich sah nichts, prellte mir die Nase an einer offen stehenden Tür.
Ich konnte kaum atmen, brauchte Sauerstoff, mein Feuer auch. In Todesangst riss ich ein Fenster auf. So konnte ich kurz durchatmen und das Feuer länger brennen. Ein Fehler, freilich!
Was tun? Ich rannte nackt durchs Wohnhaus, fiel der Nachbarin mit der Tür ins Haus, um ihr Telefon zu benutzen. Ebenso nackt klingelte ich die anderen Mieter aus den Betten, damit sie sich in Sicherheit bringen konnten.
Am Ende standen er und ich bei einundzwanzig Grad unter null auf dem Fußweg vor der Haustür und warteten auf die Feuerwehr. Ich trug sein Hemd und meine Jeans. Er trug seine Jeans und seine Schuhe. Von der Kälte spürten wir nichts. Der Rettungswagen brachte uns in die Notaufnahme, wegen des Verdachtes auf Rauchgasvergiftung. So mussten wir eine Nacht im Krankenhaus ausharren, verrußt, wie wir waren.
Ein eindrückliches Erlebnis, ich sehe ihn immer noch, wie er im Krankenhaushemd mit rückseitigem Einblick über den langen hell erleuchteten Gang schlich. Und ich, ich fühlte mich deplatziert. Ich lag zwischen älteren Frauen, die wirklich krank waren, schnarchten, röchelten. Ich wollte nur noch eins: weg!
Es war Weihnachten, seine Frau wartete auf ihn, drüben im Westen. Also rief er einen Freund an, der uns Kleidung brachte, die niemandem passte. Wir tauschten Kranken-

haushemd gegen Kostüm, rissen uns selbst die Nadeln aus den Adern und türmten mit dem Taxi.
Ich war danach für drei Monate wohnungslos, lebte bei Freunden. Er musste vor seiner Frau zu seinen schwarzen Fußsohlen und zu den abgebrannten Brusthaaren Stellung nehmen. Er bekam ein „Anna-Verbot" von ihr ausgesprochen, woran er sich nach seiner Rückankunft im neuen Jahr und bei mir im Osten nicht hielt.
Die Feuerwehrleute hatten die verkohlten Flügeltüren meiner Altbauwohnung hinaus auf den Fußweg geschleppt. So wurde meine Adresse zu einem Wallfahrtsort für Schaulustige und mein Wohnzimmer zum Luftschloss. Die Scheiben waren geborsten.
Aber ich hatte auch Glück im Unglück. Damals war ich nicht im Besitz einer Hausratversicherung. Mein Ex-Freund aber, mit dem ich zuvor diese Wohnung teilte, hatte versäumt seine Versicherung zu kündigen. So hatte ich wenigstens noch etwas von diesem Totalschaden. Mein Fazit: Wage nie eine heiße Affäre ohne Versicherungsschutz!
Und morgen steht das erste Mal: „Zwillinge" im Brennpunkt.

* * *

✉ **Betreff: Re: Abgebrannt – noch fünfmal schlafen**
Datum: 18.10.2012, 01:07:01
Meine liebes Flämmchen, was für eine Geschichte! Zehn Jahre später und es würde ein Handyvideo davon im Internet kursieren. Und es war gut, dass Du nicht allein warst. Hättest Du geschlafen, wärest Du still und leise an einer Kohlenmonoxidvergiftung gestorben. Aber Dein Verehrer hatte Dich wach gehalten. Ich bin ihm dankbar. Bald halte ich Dich im Arm. Hast Du den Mann geliebt?

✉ **Betreff: Zwillinge – noch viermal schlafen**
Datum: 18.10.2012, 09:30:07

Nein, keine brennende Liebe, nur ein heißes Abenteuer. Wir sind uns sechzehn Jahre später wiederbegegnet, nicht entflammbar.

Meine heutige Urlaubslektüre für Dich ist weniger amüsant. Ich muss Dir die Geschichte dennoch schreiben. Du sollst wissen, mit wem Du es zu tun hast, auch auf die Gefahr hin, dass es Dich abschreckt und Du unsere Hotelbuchung stornierst.

Ich wollte schon als Kind keine Kinder. Ich vermute, das lag an meinen Eltern. Man kann sich seine Eltern nicht aussuchen. Ich habe seit dreizehn Jahren nichts mehr mit ihnen zu schaffen, doch während meiner Kindheit hatte ich keine andere Wahl. Nein, das stimmt nicht, ich hatte die Wahl. Ich habe mir Kuckuckseltern gesucht. Das waren wahlweise meine Großeltern oder meine Reitlehrerin und ihr Mann.

Das Bild von der glücklichen Familie fand und findet in meiner Lebensplanung nicht statt. Ich bin dem treu geblieben bis heute. Du und ich, wir werden also keine Familie gründen. Das steht fest. Zum Glück hast Du bereits eine.

Fest steht auch, dass ich einmal in meinem Leben schwanger wurde. Ich spürte es sofort nach dem entscheidenden Moment, ich kenne meinen Körper. Und ich kenne mich! Für mich gab es nur eine Lösung. Ich musste nicht darüber nachdenken. Nachdenken wollten darüber andere: Ärzte, Berater, Beamte. Ich hasse diese Art von Bevormundung, wie sie wohl nur in Deutschland üblich ist. So konnte ich es kaum abwarten, die Sache rückgängig zu machen. „Frau Fröhlich, Sie werden doppelt bestraft, ich sehe zwei!“, sagte die Ärztin beim Ultraschall. „Und wir müssen sie noch ein paar Wochen wachsen lassen, sonst sehen wir gar nicht, was wir wegmachen sollen.“ Zwei Sätze, die ich nie vergessen werde. Ironie des Schicksals, ausgerechnet ich, jemand, der partout keine Kinder möchte, sollte Zwillinge bekommen. Für mich war das noch ein Grund mehr, mich dagegen zu entscheiden.

Ich habe es nie bedauert. Ein einziges Mal habe ich danach von den Zwillingen geträumt. Wir drei begegneten uns, sie waren schon vier oder fünf Jahre alt. Sie waren freundlich zu mir, aber sie erkannten natürlich nicht, dass ich ihre leibliche Mutter sein musste. Ich war nicht traurig, ich nahm es ihnen auch nicht übel, woher sollten sie das wissen. Ich gab mich nicht zu erkennen. Wozu!
Ein paar Tage später habe ich noch eine Entscheidung getroffen, die ich bis heute nicht bereut habe. Ich habe für zwei winzige irreversible Einschnitte in mein Leben gesorgt. Du weißt, was ich meine?

✉ **Betreff: Re: Zwillinge – noch viermal schlafen**
Datum: 18.10.2012, 22:38:16
Ich bin schockiert und beeindruckt zugleich. Du bist sehr radikal. Das geht nur, wenn Du genau weißt, was Du willst. Es scheint, Du hast die richtige Entscheidung für Dich getroffen. Starker Tobak!
Ich wünsche mir jetzt ein entspannteres erstes Mal von Dir. Und verzeih die Kürze meiner Reaktionen. Ich möchte vermeiden, dass meine Familie bei unseren ersten Malen dabei ist.

* * *

✉ **Betreff: DAS erste Mal – noch dreimal schlafen**
Datum: 19.10.2012, 11:12:04
Ich hatte schon immer einen Hang zu Männern die scheinbar unerreichbar sind. Deutsch-deutsche Grenzen sind für mich eine Herausforderung, kein Hindernis. Als ich in die zehnte Klasse der polytechnischen Oberschule ging und die Grenzen noch dichthielten, fuhren wir zur Abschlussfahrt nach Potsdam. In unserer Jugendherberge gastierte auch eine Klasse aus dem Westen.
Wir verbrachten die Abende zusammen mit dem Klassen-

feind auf einem Zimmer. Mich wundert im Nachhinein, dass unsere Lehrerin das zugelassen hat.
Und ich begriff auch erst im Nachhinein, dass ich mich zum ersten Mal „verliebt“ hatte. Kein Vergleich zu heute! Die Symptome konnte ich erst viel später eingrenzen. Der „stattliche Mann“ von neunzehn Jahren hieß Thies und er war ein Punk. Seine Frisur war standhaft wie der Berliner Fernsehturm. Wir schrieben uns Briefe. E-Mails waren noch nicht erfunden, damit hätten wir es leichter gehabt. Meine Eltern haben mir den Kontakt verboten, also schickte er seine Briefe an eine meiner Klassenkameradinnen, so konnten wir unser Band knüpfen. Einmal schickte ich ihm ein Stück echtes ostdeutsches graues Raufaser-Toilettenpapier. Ich bekam dafür einen fast durchsichtigen, hellblauen Abriss mit Blümchen aus dem Westen.
Dann kam die Wende. Endlich gab es Blümchenklopapier für alle! Und es gab für meine Eltern und mich den letzten FDGB-Urlaub im gemeinsamen Dreibettzimmer. Irgendwo im Norden des Ostens, nicht weit entfernt von Lübeck. Dort hatte ich ihn und seine schrägen Punkerfreunde hinbestellt. Stell Dir vor: Dreihundert Gäste im Speisesaal zur Abendabfütterung und drei westdeutsche Punks kommen herein. Was für ein Auftritt! Und sie wollten zu mir! Ja, zu mir! Meine Eltern mussten sich tolerant zeigen und wir hatten einen relativ „entspannten“ Abend unter Aufsicht. Danach folgte natürlich „Thies-Verbot“.
Meine Eltern wollten betrogen werden. Also schrieb mir meine Kuckucksmama und Reitlehrerin einen freundlichen, förmlichen Brief, in dem ich für meine Leistungen in der AG Reiten ausgezeichnet wurde: mit einer Woche Reit-Ferien-Lager in Radeburg bei Dresden als Belohnung.
Ich hingegen fuhr mit dem Zug nach Lübeck. Der junge Mann hatte gesagt: „Komm doch einfach vorbei.“ Das tat ich. Er war nicht da, zwei Tage lang. Sein Papa holte mich vom Zug ab und quartierte mich im Punker-Zimmer ein.

Reihenhaus mit Garten. Er war also ein sauberer Salon-Punk.
Endlich war die Mauer offen, doch seine Freude über meinen Besuch hielt sich in Grenzen. Wir versuchten dennoch meinen ersten Beischlaf. Es war Nachmittag. Sein Papa harkte draußen direkt vor unserem Zimmer die Blumenrabatte. Es war skurril und ich erlitt meinen ersten und letzten Fehlversuch. Du musst Dir das so vorstellen: Ein Mammut versucht sich mit einem Eichhörnchen zu vereinen. Ein Desaster! Unmöglich! So reiste ich als Jungfrau wieder ab. Sieben Jahre später sind wir uns in Hamburg wieder begegnet. Er hat sich dafür entschuldigt, dass er meinen Besuch damals nicht zu schätzen wusste. Mein Fazit: Besuche nie jemanden der sagt: Komm doch einfach vorbei!
Und morgen liest Du: Das erste Mal – was Frau nie wieder machen wird!

✉ **Betreff: Re: DAS erste Mal – noch dreimal schlafen**
Datum: 19.10.2012, 20:20:59
Ich bin kein Mammut. Jetzt denke ich, nein fühle ich, wie ich hinter Dir stehe und Dich umschlinge wie in Kassel. Anna, ausnahmsweise ist die Zeit auf unserer Seite. Nur noch vier Tage, ich brenne darauf, Dich zu küssen.

***

✉ **Betreff: Was Frau nie wieder machen wird – noch zweimal schlafen**
Datum: 20.10.2012, 08:27:01
Ach, Du bist so wortkarg. Ich fühle mich so allein. Aber Du hattest es ja angekündigt. Die folgende Geschichte bleibt kurz, weil sie nicht schön ist. Aber Du darfst sie trotzdem lesen.
Es gibt etwas, was ich nie wieder erleben werde. Im Nach-

hinein nenne ich es „Die erlaubte Vergewaltigung". Das klingt entsetzlich und das ist es auch.
Nach drei Jahren an der Seite meines ersten Freundes verlor ich die Lust an ihm. Ich war dabei abzulieben, wollte ihn aber auch nicht so bald verlieren. Gewohnheit ist eine starke Macht! Der Mann belästigte mich mit seinem Begehren. Ich war abgekühlt, schon lange. Der Gedanke daran ekelte mich an. Er beschwerte sich regelmäßig. Ein Zitat von ihm: „Warum soll ich immer Opfer bringen und verzichten? Wird Zeit, dass Du auch mal etwas opferst."
Ich dachte damals, es müsse so sein, dass Sex irgendwann keinen Spaß mehr macht, dass man ihn mit seinem Partner ertragen muss. Ich habe mich „geopfert". Es war schrecklich. Ich lag leblos, der Mann arbeitete sich auf mir ab. Mir liefen die Tränen über die Wangen. Er hatte es nicht bemerkt. Ich beobachtete unser Trauerspiel im Spiegel unseres großen Kleiderschrankes im Schlafzimmer. Ich hab die ganze Zeit gehofft, dass es endlich aufhören möge.
Mein Fazit: Ich „opfere" meinen Körper nie wieder, damit sich jemand daran befriedigen kann. Niemals! Ich möchte nicht wissen, in wie vielen Beziehungen es mit den Jahren genau so stattfindet. Es ist widerlich.
Und morgen für Dich, weniger bleischwer: Das erste Mal: Freier Fall.

Betreff: Re: Was Frau nie wieder machen wird – noch zweimal schlafen ✉
Datum: 20.10.2012, 19:20:23
Ach, meine Anna, ich würde Dich jetzt so gerne in den Arm nehmen und einfach nur festhalten. Ich habe eine Geschichte erlebt, die entfernt zu Deiner passt:
Eine Begegnung, die ich als Junge in einem Wartezimmer hatte. Wie so oft plagte mich eine Bronchitis, das muss wohl an der „extrem reinen" Luft in der DDR gelegen haben, wie gesagt, Umweltschutz war noch nicht erfunden.

Meine Mutter hatte mich begleitet und beim Arzt angemeldet, sie ging nur kurz einen Weg erledigen, während ich im Wartezimmer hockte und darauf hoffte, endlich aufgerufen zu werden. Zuvor hatte sie meinen SV-Ausweis in den kleinen Holzkasten neben dem Arztzimmer geworfen. Datenschutz und Gesundheitskarte waren in der DDR bekanntlich Fremdworte. Heute ist nur noch Datenschutz ein Fremdwort.

Ich war alt genug und schon oft beim Arzt gewesen. Ich wusste, wie das läuft, und ich war allein, bis auf einen dicken, schwitzenden Mann. Er saß mir schräg gegenüber, holte seinen Schwanz heraus, befriedigte sich und sah mich dabei an. Ich konnte nichts sagen, konnte nicht weg, blieb einfach sitzen. Als er fertig war, ging er. Ich blieb zurück und fühlte mich nackt, schmutzig, benutzt und klein.

Ich wusste damals noch nicht, was das zu bedeuten hatte. Ich spürte nur, dass es irgendwie falsch war. Er hat wohl neben meiner Anwesenheit auch die Gefahr genossen zu onanieren, während jederzeit die Möglichkeit bestand, dass sich die Tür zum Arztzimmer öffnete. Sein ganz besonderer Kick! Ich werde das nie vergessen. Widerlich!

✉ **Betreff: Wartezimmerwichser**
Datum: 20.10.2012, 19:23:14
Um Gottes willen! Warum bist Du nicht einfach aufgestanden und weggelaufen?

✉ **Betreff: Re: Wartezimmerwichser**
Datum: 20.10.2012, 19:27:18
Ich war wie in Schockstarre. Ich konnte nicht. Meine Mama war nicht da, und ich traute mich auch nicht, einfach ins Arztzimmer zu flüchten.

✉ **Betreff: Wartezimmeropfer!**
Datum: 20.10.2012, 19:28:59

Mich hätte nichts aufgehalten. Ich hätte Alarm geschlagen. Du hast Dich zum Opfer machen lassen!

Betreff: Re: Wartezimmeropfer!
Datum: 20.10.2012, 19:30:12
Ich muss Schluss machen für heute.

* * *

Betreff: Freier Fall – noch einmal schlafen
Datum: 21.10.2012, 09:28:59
Eigentlich wollte ich nie aus einem Flugzeug springen. Doch eines Tages hatte ich einen Fernsehdreh bei einem Fallschirmspringer-Event. Das Besondere daran war, dass extra ein russisches Düsenflugzeug kommen sollte. In wenigen Minuten konnte es achtzig Fallschirmspringer auf einmal in den Himmel befördern. Das wäre die Attraktion für den Film gewesen. Doch auf die russische Technik war kein Verlass. Der Düsenjet kam nicht. Was nun?
Eine neue Geschichte für den Film musste her. Um 20 Uhr sollte unsere Sendung gefüllt sein. Ich beschloss einen Selbstversuch zu machen, das erste Mal den freien Fall erleben und daraus eine Erlebnisreportage stricken. Ich habe es getan, habe in der Ersatzmaschine meine Moderation gemacht und mich dann, dem Schicksal ergeben, mit dem Tandemmaster in viereinhalb Kilometern Höhe aus der Heckluke des Flugzeugs fallen lassen. Wenn mir noch einmal jemand einreden möchte, freier Fall sei schön, dann glaube ich es immer noch nicht. Denn für mich war es nicht schön. Ich glaube, ich kann es nicht ertragen, die Zügel aus der Hand zu geben und mich auf andere zu verlassen. In dem Fall musste ich aber genau das tun. Ich musste dem Tandemmaster vertrauen, mein Leben in seine Hände legen.
Als der Schirm aufging, war das für mich eine Erlösung. Wir sind sanft gelandet, ich machte meine zweite Modera-

tion direkt in die Kamera und blieb emotionslos bis heute. Die meisten Tandemgäste sind danach süchtig nach dem freien Fall und wollen ihn unbedingt noch einmal erleben. Bei mir blieb dieses Gefühl aus. Ich fuhr in den Sender, schnitt meinen Film. Das war's. Fazit: Nie wieder springe ich aus einem Flugzeug.
Und zuletzt nur für Dich: Das erste Mal – den Mann in den ich so verliebt bin, in Köln treffen.

✉ **Betreff: Re: Freier Fall – noch einmal schlafen**
Datum: 21.10.2012, 16:45:52
Wenn ich mich bei Dir fallen lasse, werde ich fliegen.
Anna, die Stunden sind gezählt, bald haben wir uns wieder.
Ich kann Dir nun wieder ausführlich schreiben. Ich bin aus dem Urlaub zurück. Es ist Sonntagnachmittag – Basketballzeit. Trinken wir morgen in Bonn einen Kaffee, bevor Du in Köln eincheckst? Vielleicht in meinem Büro? Der nächste Tag in Köln gehört uns ganz.

✉ **Betreff: Büro, Büro**
Datum: 21.10.2012, 16:48:12
In Deinem Büro? Ein Witz? Ist Dein Kollege Oliver nicht da? Wie soll das gehen? Und wann? Soll ich auf dem Weg nach Köln bei Dir halten?

✉ **Betreff: Re: Büro, Büro**
Datum: 21.10.2012, 16:49:54
Ja, ich werde allein sein in unserem Büro.

✉ **Betreff: Aw: Büro, Büro**
Datum: 21.10.2012, 16:51:33
Gut. Jede Minute ist kostbar. Wenn wir uns treffen, werden die Uhren schneller laufen. Nur noch einmal schlafen, Roger! Anna.

Betreff: Re: Büro, Büro
Datum: 21.10.2012, 16:53:45
Wenn ich morgen aufwache, wird mein Traum in Erfüllung gehen.

Betreff: Frage
Datum: 21.10.2012, 16:54:59
Roger, ich muss Dich noch etwas fragen, etwas sehr Persönliches. Es könnte für Dich und mich unangenehm werden. Ich habe Angst vor der Frage, aber sie beschäftigt mich.

Betreff: Re: Frage
Datum: 21.10.2012, 16:59:34
Anna, Du darfst alles von mir wissen.

Betreff: Aw: Frage
Datum: 21.10.2012, 17:01:56
Schläfst Du mit Deiner Frau?

Betreff: Antwort
Datum: 21.10.2012, 18:07:11
Oh, Anna, das ist in der Tat eine sehr persönliche Frage. Ich will Dir die Wahrheit sagen. Meine liebe Anna, ich bin verliebt in Dich, ich will Dich, ich träume den ganzen Tag und die halbe Nacht von Dir. Ich sehe nur Dich. Wie könnte ich da mit meiner Frau schlafen? Ich hätte ihr und Dir gegenüber ein schlechtes Gewissen. Ich kann es nicht.
Ich habe nach ihr nicht das Verlangen, wie ich es nach Dir verspüre. Ich weiß nicht, wie lange das noch gut geht. Sie hat sich noch nicht beschwert. Ich erlöse mich von meiner Sehnsucht nach Dir, indem ich „oft an Dich denke“, meine Anna, Du weißt, was ich meine.
Ich schlafe nicht mit meiner Frau, weil ich Dich im Kopf habe.

✉ **Betreff: Das erste Mal den Mann, in den ich verliebt bin, in Köln treffen**
Datum: 21.10.2012, 23:59:13
Roger, stell Dir vor, morgen Nachmittag, also in etwa 16 Stunden, ist es so weit. Ich treffe mich mit dem Mann, in den ich verliebt bin in Köln, in einem feuerfesten Hotel, vorher noch kurz in seinem Büro in Bonn. So etwas habe ich noch nie gemacht. Ich bin schon weit gereist für irgendwen, aber ich musste nie in ein Hotel. Ich musste mich noch nie verstecken. Nun geht es nicht anders, außer er besucht mich in Leipzig. Ob er wissen will, wie ich lebe? Was meinst Du? Er kann mich beobachten, wenn er will, und mich im Fernsehen sehen! Ich selbst kann nur versuchen, mich an sein Gesicht zu erinnern.
Gestern hat er mich verwirrt. Er war so förmlich. Ich soll ihn in seinem Büro besuchen. Der romantischste Ort, den ich mir vorstellen kann, findest Du nicht? Ich fühle mich wie eine Kleinkriminelle. Ich habe ein ungutes Gefühl dabei, ihn in seinem Revier zu treffen. Aber ich freue mich dennoch darauf. Der Ort, an dem wir uns begegnen, ist nicht wichtig. Die Hauptsache ist, dass wir uns treffen. Leibhaftig. Wir verbringen jeden Tag zusammen – virtuell, schriftlich, mündlich, per SMS, per Hörspiel. Es ist verrückt und schön. So war er sogar schon mit mir Schuhe kaufen, bei meinem Pferd, im Bett, in meiner Wohnung, überall. Ich hingegen bin meistens nur mit ihm in seinem Büro oder begleite ihn am Telefon auf dem Nachhauseweg zu seiner Familie. Ich versuche darüber nicht nachzudenken.
Unsere Begegnung wird großartig werden, wir beide wissen das schon vorher. Und dieses Mal bleiben der fade Beigeschmack und das ungute Gefühl beim Abschied aus, weil wir wissen, dass wir uns bald wiedersehen werden. Die Trauer wird mit einem Lächeln verziert sein.
Der arme Mann tut mir manchmal leid, er muss Ge-

schichten erfinden, für seine Familie. Ich weiß das wohl zu schätzen. Er redet sich seine Lügen so lange ein, bis er sie selbst glaubt. Dann funktioniert es. Ich weiß, wie schwer ihm das fällt. Er macht es trotzdem, weil er genau so verliebt ist wie ich und weil er weiß, dass so etwas nur einmal im Leben passiert, und weil er weiß, dass man sich das, was man ganz allein für sich will, nicht verbieten darf, wenn der Wunsch danach so stark ist. Er ist entschuldigt vor jedem Gericht, nur nicht vor seiner Frau. Er hat sich verliebt. Und nur so zum Spaß, weil er mal eine frische Frau braucht, würde er mich nicht treffen. Das wäre nicht sein Stil! Es wäre unter seiner Würde. Weil er so „ist, wie er ist“, wird er belohnt werden, mit mir!
Er hat gefragt, was wohl passieren wird, nur er und ich im Hotelzimmer? Dir werd ich's verraten: Er muss sich gar nicht verrückt machen. Wir werden uns umarmen und küssen, und ich werde ihm sein T-Shirt wegnehmen. Davon träume ich schon gefühlte zehn Jahre. Ich finde ihn sehr erotisch, das kannst Du Dir gar nicht vorstellen! Das hat ihm lange keine Frau gesagt. Aber ich werd's ihm sagen! Und ich darf ihn endlich ganz und gar spüren. Er wird es nicht lassen können, den langen Reißverschluss meines Selbstbedienungskleides zu öffnen. Er wird mich streicheln. Wir haben Zeit. Vielleicht ziehe ich sogar das Kleid aus. Ich hoffe, er denkt daran, dass mir meine Stiefel im Bett irgendwann unbequem werden. Ich spüre sonst nicht genug von ihm, weil zu viel Haut bedeckt ist. Aber viel mehr wird auch nicht passieren. Ich werde mir meinen Platz an seiner Brust suchen und dort in seinen Armen einschlafen. Ich hatte ihm ein Hörspiel geschickt, in dem war es genauso. Er fand das großartig. Also, es passiert im Grunde nichts. Der arme Mann muss gar nicht aufgeregt sein. Was meinst Du, ob er es dennoch ist?

* * *

✉ **Betreff: Re: Das erste Mal den Mann, in den ich verliebt bin, in Köln treffen**
Datum: 22.10.2012, 00:03:54
Aufgeregt ist gar kein Ausdruck! Er bekommt schließlich ein echtes Ostpaket!

// 5. Kapitel – Eastern Escort Services //

Betreff: DAS erste Mal mit Herrn Nowitzki
Datum: 24.10.2012, 16:06:13
Hab ich's Dir schon erzählt? Ach, setz Dich erstmal hin. Gestern war unser Tag. Wie sich das der Mann vorgestellt hatte, habe ich ihm die Tür zu meinem Hotelzimmer geöffnet. Er kam herein, wir haben uns umarmt, geküsst, ich weiß nicht mehr, was zuerst. Ich hatte keine Schuhe angezogen, damit er mir auf Augenhöhe begegnen konnte. Ohne Schuhe sahen wir beide zusammen recht ansehnlich aus, ein schönes Paar. Ich habe es ihm im Garderobenspiegel gezeigt. Ich glaube, ihm hat gefallen, was er gesehen hat. Er hat sogar den Einkaufszettel abgearbeitet, den ich ihm per SMS geschickt hatte. Braver Mann! Ohne seine Mitbringsel wären wir wohl verdurstet und verhungert. Wir hatten viel vor.
Bevor die Zeit für uns stehen blieb, musste ich noch meine Bedenken loswerden. Schließlich trafen wir uns nur, um der Sache willen, um endlich miteinander zu schlafen. Er meinte, würden wir eine normale Beziehung führen können, dann würden wir uns in der Anfangsphase auch nur „deswegen" treffen. Man hätte vielleicht ein Alibi-Essen oder einen Anstandskinobesuch vorgeschoben, die ganze Zeit aber nur darauf gewartet, dass der Film endlich vorbei ist oder der Kellner die Rechnung bringt. Ich finde, er hatte recht. Wir wollten keine Zeit mehr verlieren.

Wir küssten uns, im Stehen. Das war himmlisch. Er kann es einfach! Das ist nicht selbstverständlich! Wenn er mich umarmt oder streichelt, bin ich Wachs in seinen Händen. Ich schwebe, fliege, bin nicht mehr bei mir selbst, ich vergesse alles. Dabei ist doch noch gar nichts passiert!
Ich glaube, er hat den Reißverschluss meines Selbstbedienungskleides geöffnet und seine Hände sind unter den Stoff gefahren und haben mich umarmt, gestreichelt. Endlich! Und dann hat er etwas ganz Verrücktes gemacht. So einfach, man muss nur darauf kommen: Er ging ein wenig in die Knie und strich dann mit seinem ganzen Köper von unten an mir nach oben. Etwas Neues, so einfach wie wirkungsvoll! Ob er sich das im Fernsehen abgeschaut hat?
Ab jetzt habe ich Erinnerungslücken. Ich weiß nicht, wie ich ihn ins Bett bekommen habe. Überreden musste ich ihn nicht. Ich durfte bald mein Kleid ausziehen, selbstverständlich nur, damit es nicht zerknittert. Er hat danach gesagt: Er wolle den Anblick noch ein wenig genießen, bevor die Restkleidung verschwindet. Das ging aber recht schnell. Die ganze Pracht, angefangen bei meinen halterlosen Strümpfen, die er vorsichtig von meinen Beinen abgerollt hatte.
Ich habe mich weder geziert noch geschämt. Alles war perfekt und so, als hätten wir nie etwas anderes getan. Ich musste ihn immer ansehen, ihm in die Augen schauen. Ich bin verliebt in ihn, ich muss einfach hinsehen.
Am meisten liebe ich sein Brusthaar. Das ist „retro", stimmt's? Die Mädchen von heute würden das ganz schrecklich finden. Aber mit fast vierzig bin ich nicht mehr die Jüngste. Ich darf das schön finden.
Ich habe ihn ausgezogen, wie im Vollrausch. Und irgendwann kam der Moment, den ich schon so lange herbeigeträumt hatte. Er zwischen meinen Beinen. Ich wusste, es wird grandios, und zwar wird es das jedes Mal, wenn wir es zum ersten Mal tun. Er lag auf mir und ich habe fast darum gebettelt, dass er endlich mit mir schläft. „Ich will,

ich will, ich will“, hab ich in sein Ohr geflüstert. Und endlich. Der erste Moment, wenn er ganz zu mir kommt, so dass es dichter nicht geht, wenn er in mich eintaucht, das ist das Größte für mich. Es hat sich alles ziemlich eng angefühlt, ein Gefühl zwischen Lust und Schmerz. Er fragte, ob es wehtut. Nein, tut es nicht, das hatte ich ihm vorher schon geschrieben. Er ist manchmal ein unaufmerksamer Leser. Er hat geflüstert. „Ich will dich! Anna.“ Immer wieder. „Ja, ja, ja“, konnte ich da nur sagen, unbedingt! Mehr, mehr, mehr davon. Ich habe genossen, wie er immer wilder wurde und stöhnte. Ich nehme das nämlich in dem Fall sehr persönlich. Ein herrlicher Moment für mich. Einfach nur unbeschreiblich schön war es: der Herr Nowitzki und ich.

Langweile ich Dich mit meiner Schwärmerei? Ich bin noch nicht fertig. Ich glaube, ich habe mich an seiner Brust ausgeruht. Er hat mich immer weiter gestreichelt, ganz sanft. Manchmal weinte ich vor Glück, das bemerkte er gar nicht. Wir haben weitergemacht und haben dabei viel gelacht. Ich erspare Dir weitere Details. Zwischendurch waren wir frische Luft schnappen, spazieren im Kölner Stadtpark. Der Herbst hat ihn mit modrigem Duft getränkt und in bunte Farben getaucht, dennoch war die Luft mild.

Danach kam das Schönste, und damit meine ich nicht meinen Orgasmus. Nein! Das Schönste war der Weg dorthin. Wir haben neben dem Bett gestanden und uns unglaublich sanft gestreichelt und geküsst. Ja, ich war wie berauscht! Ich liebe seine Hände, seine Lippen, seinen Körper, ach, einfach alles!

Und jetzt verrate ich Dir noch ein Geheimnis:

Ich bin dem männlichen Geschlecht seit nunmehr zwanzig Jahren zugetan. Mit neunzehn habe ich mich zum ersten Mal: gelangweilt. Es war reine Mechanik. Mit dreißig hatte ich meinen ersten Orgasmus: selbst gemacht. Dabei blieb es lange. Ich kann auf eine überschaubare Sammlung an Herren zurückblicken. Doch wenn man den

Durchschnitt berechnet, war es eigentlich nur ein Mann pro Jahr. Ich habe nur wenige Gelegenheiten ausgelassen, deshalb werde ich ab jetzt keine Frösche mehr küssen. Es gibt kein nächstes letztes Mal für mich.
Die Männer sind sehr verschieden. Herr Nowitzki hat mich gefragt, ob es da Unterschiede zwischen Ost und West gäbe. Ich glaube, er hat immer noch eine Mauer im Kopf. Nein, gibt es nicht. Meine Erfahrung sagt aber, dass die Klügeren unter den Herren auch die Zärtlicheren, Talentierteren und Fantasievolleren sind. Die einfach Gestrickten sind nichts für mich. Zu grob, zu mechanisch, zu zweckorientiert.
Herr Nowitzki hat auf Anhieb alle Rekorde gebrochen. Er ist für mich gemacht! Ja! Er will es nur nicht wahrhaben. Er ist manchmal ein wenig langsam im Kopf, ehe er sich etwas eingesteht. Ich weiß, wovon ich rede. All das hätte ich ihm so gar nicht zugetraut. Schon deshalb muss ich ihn wiedersehen. In knapp drei Wochen und nach meinem Urlaub und in Berlin ist es so weit.

✉ **Betreff: DAS erste Mal mit Frau Fröhlich**
Datum: 24.10.12, 17:30:45
Meine liebe Anna,
ich habe noch nichts Schöneres gelesen, meine Geliebte. Wären wir jetzt zusammen, würde ich weinen und mich nicht dafür schämen. Das, was ich Dir jetzt versuche zu beschreiben, ist noch ganz frisch, ganz neu. Das erste Mal mit Frau Fröhlich, und dieses Mal meine ich wirklich dieses „erste Mal“. Aber um das, was ich dabei empfunden habe, beschreiben zu können, muss noch etwas Zeit vergehen. Es war großartig, das kann ich schon verraten. Ich fühlte mich ganz leicht, es war wie fliegen oder tanzen, wobei ich mich, außer wenn ich betrunken war, beim Tanzen noch nie so wahnsinnig leicht und frei gefühlt habe wie gestern. Ich habe alles um mich herum vergessen. Alles! Ich war nur noch Körper. Ich spüre jetzt noch ihre Hände auf meinem Rücken, ihren Mund auf meinem Hals, ihren Atem in meinem Ohr.

Wir mussten uns früher trennen als geplant. Man kann nicht alles im Voraus planen. Mich zu verlieben war auch nicht geplant.
Ebenso wenig war der erotischste Nachmittag meines Lebens in meinem Büro in Bonn geplant. Bevor wir uns tags darauf in Köln trafen, empfing ich Anna in meinem Büro, auch zum ersten Mal. Wir hielten es nicht aus, ließen uns auf das blaue Bürosofa fallen. So bequem hatten wir es noch nie. Endlich konnten wir uns spüren. Wir berauschten uns an uns selbst. Ich hauchte ihr ein „Ich will dich!“ ins Ohr. Sie erwiderte: „Ich will dich morgen.“ Ich musste ihr sagen, dass mein Wunsch eher grundsätzlicher Natur war, keine direkte Aufforderung zum Tanz. Unser erster Beischlaf sollte nicht im Büro stattfinden, sondern in Würde und im Hotel in Köln am nächsten Tag.
Nun ja, was soll ich sagen. Anna beschenkte mich mit einem ihrer „Lippenbekenntnisse“, wie ich es schöner noch nie erlebt hatte, und in dem Moment, wo ich nicht mehr Herr meiner Sinne war, wo ich nur noch Körper war, ja nur noch ein Körperteil war, klingelte mein Telefon. Meine Frau rief an. Ich ging nicht ran.
Aber dabei blieb es nicht. Anna sollte auch erlöst werden für diesen Tag. Ich habe sie nicht einmal ausgezogen, ich habe nur an den neuralgischen Punkten ihres Körpers, die Kleidung beiseitegeschoben. Ihr Kleid hatte einen Ausschnitt, der viel versprach und alles zuließ. Ich vergrub mein Gesicht in ihrem prächtigen Dekolleté. Meine Zunge kreiste von ihren festen Brüsten bis zwischen ihre Schenkel. Ich schob das winzige Stück schwarzen Stoff beiseite und schenkte ihr meine Zunge. Anna stöhnte und es dauerte gar nicht lange, bis ihr Stöhnen zu einem erlösenden Schreien wurde. Dazu kam die Melodie eines Kinderlieds. Mein Sohn rief an, genau in diesem Moment. Anna bekam einen Lachanfall und übertönte damit die Erkennungsmelodie meines Sohnes. Kann das denn alles wahr sein?

Genieße Deinen Urlaub, grüß mir die Berge, die Kühe und die Seen und diese Schweizer Menschen, die glauben, sie würden Hochdeutsch sprechen. Ich denke an Dich! Roger

* * *

✉ **Betreff: gut angekommen**
Datum: 25.10.2012, 14:03:12
Liebster,
die schweizer Menschen hier um mich herum glauben wirklich, dass sie Hochdeutsch sprechen. Das würde ich nicht einmal von mir selbst behaupten. Es ist wie ein Fremdsprachenkurs. Ich bin amüsiert.
Ich habe es Dir schon mehrfach gesagt und geschrieben, ich bin ernsthaft verliebt. Natürlich war das nicht geplant. Ist es ja nie. Und beide Tage mit Dir waren ein Traum. Ich konnte mich einfach fallen lassen, ohne einen einzigen krummen Gedanken, ohne Bedenken, ohne Ängste. Ich darf Dir sagen, was und wie ich fühle. Dabei haben wir uns nur drei Mal gesehen, einmal davon dienstlich.
Ich träume jetzt schon davon, Dich wieder zu umarmen und umarmt zu werden. Bald, in Berlin. Es wird Gold. Allerdings tat es wirklich weh, dass Du mich wegen Deiner Arbeit vorzeitig allein gelassen hast. Für einen gebrochenen Arm von Victor hätte ich Verständnis, aber nicht für's Textetippen. Manchmal bist Du wie ein Eisblock. Das macht mir Angst. Dennoch, ich kann Dir nicht böse sein. Ich träume von Dir, von Deinem Wesen, dass mich gepackt hat. Ich habe jetzt schon Sehnsucht nach allem. Anna

✉ **Betreff: Was Süßes für Dich**
Datum: 25.10.2012, 21:05:16
Engadiner Nusstorte
Füllung (muss vor der Verwendung auskühlen):
330 g Zucker, in der Bratpfanne rösten, bis er zu schäumen beginnt, nicht umrühren, da sich sonst Knollen bilden

250 g Baumnüsse, grob gehackt, beifügen, gut mischen, bevor der Zucker zu braun wird, vom Feuer ziehen
3 dl Rahm, sofort dazugeben, etwas einkochen lassen, auskühlen

Mürbeteig:
375 g Mehl
220 g Margarine
150 g Zucker
1 Ei
1 Prise Salz
zu Mürbeteig verarbeiten, Teig teilen, Boden und Deckel einer Springform entsprechend füllen
Aus dem dritten, etwas kleineren Teil des Teiges eine Rolle formen, die man auf den Teigboden legt. Die ausgekühlte Füllung auf dem Boden verteilen, über das Ganze den Deckel legen.

Backen:
200 Grad, auf unterster Rille (sagt der Schweizer),
40–45 Minuten
nach dem Backen sofort vom Rand lösen
in der Form auskühlen lassen

Betreff: Re: Was Süßes für Dich ✉
Datum: 25.10.2012, 21:15:32
Ich liebe Nusstorte!
Anna, ich habe Dir ja schon meine alte Geschichte gebeichtet. Hast Du eigentlich auch schon einmal jemanden betrogen?

* * *

Betreff: Betrug ✉
Datum: 26.10.2012, 08:45:45
Das nenne ich einen gekonnten Themenwechsel, wirklich,

Herr Nowitzki! Und das im Urlaub noch vor dem Frühstück! Meine Antwort ist: Nein. Ich habe mich in meinem Leben bisher zweimal in einen anderen verliebt, während ich noch in einer Partnerschaft steckte. Einmal warst Du sogar dabei. Dass es passieren konnte, war für mich ein eindeutiges Indiz dafür, dass ich emotional sehr weit weg bin, dass mein Herz für andere weit offen steht. Ich habe mich jeweils sofort von meinem Partner getrennt, so dass mein Betrug nur im Kopf stattfinden konnte. Alles andere kann ich nicht mit meinem Gewissen vereinbaren. Auch Kredite, Häuser oder Kinder wären für mich kein Grund, meinen Gefühlen nicht zu folgen. Ich weiß, das klingt radikal in Deinen Ohren. Aber ich habe nur ein Leben, und verlorene Jahre lassen sich nicht anhängen. Das war schon die ganze Geschichte. Schreib mir lieber etwas Schönes!

✉ **Betreff: Was Schönes schreiben**
Datum: 26.10.2012, 10:00:45
Dutzende Male am Tag sehe ich Dich die Treppe zu meinem Büro hinaufsteigen, sehe Dein Gesicht vor mir, an mir vorbei. Wo willst Du hin? Sind wir uns fremd geworden? Endlich halten wir uns, ich kann Dich riechen, Dich umarmen, spüren, bei Dir sein. Alle Zweifel verfliegen, lösen sich in Luft auf, werden zu warmen Regentropfen. Deine Hände fassen mein Gesicht, Du strahlst mich an, die Zeit steht still, ich staune, Du bist wirklich bei mir. Anna, jede Faser meines Körpers sehnt sich nach Dir.

✉ **Betreff: Re: Was Schönes schreiben**
Datum: 26.10.2012, 10:15:45
Das war wirklich schön geschrieben! Aber es zeigt auch, wie unterschiedlich unsere Wahrnehmung ist.
Ich sehe Dich oben am Ende der Treppe im Türrahmen stehen. Du lachst, Du freust Dich, aber Du umarmst mich nicht. Ich denke also, Du bist nicht allein im Büro. Ich husche an Dir vorbei, um nachzuschauen. Aber niemand

ist hier, nur wir. „Also, warum umarmst Du mich denn nicht?", frage ich Dich. Na endlich, endlich, endlich! Deinen Duft einzuatmen und Dir Deine Wärme zu stehlen, das wäre mir jetzt schon genug.

* * *

Betreff: Aw: Was Schönes schreiben ✉
Datum: 27.10.2012, 09:18:33
Meine Liebe, ich kann Dich spüren, fühle, dass Du an mich denkst, Du begleitest mich, bist immer bei mir, auch wenn Du so wie jetzt mehr als tausend Kilometer von mir entfernt in den Schweizer Bergen wanderst. Ich denke so fest an Dich!

Betreff: Urlaub allein ✉
Datum: 27.10.2012, 10:19:55
Roger? Wie lange liegt Dein letzter Urlaub zurück, den Du allein verbracht hast? Mindestens zwanzig Jahre, oder? Ich reise eigentlich gerne allein, weil man selten allein bleibt. Man kommt öfter mit Fremden in Kontakt als bei Gruppenreisen. Einsam fühle ich mich nicht.

Betreff: Re: Urlaub allein ✉
Datum: 27.10.2012, 15:56:11
Du bleibst bestimmt nicht lange allein. Die anderen Gäste im Wanderhotel werden Dich lieben, genauso wie ich. Nun ja, ich hoffe, nicht ganz so sehr.
Entschuldige die Kurzform, es ist Samstag … Du weißt schon …

* * *

Betreff: Berlin ✉
Datum: 28.10.2012, 19:22:11
Dass ich mich nicht allein fühle, liegt wohl auch daran,

dass ich mich so auf unser Treffen in Berlin vorfreuen kann. Einziger Makel ist, dass Dein Kollege Oliver dabei sein wird. Wie gehen wir damit um?
Wir können nicht zusammen frühstücken, wegen Oliver, aber wir haben den ganzen Nachmittag für uns. Ohne Versteckspiele dürfen wir Hand in Hand über den Alexanderplatz bummeln. Wir haben die ganze Nacht und werden zum ersten Mal miteinander aufwachen. Zusammen, Du und ich, dann sofort weiterlieben, bevor ich mich wie eine Professionelle vom Escortservice-Team aus Deinem Zimmer schleichen muss. Diesen schmerzhaften Fakt verdränge ich.

***

✉ **Betreff: Re: Berlin**
Datum: 29.10.2012, 09:54:33
Die Aussicht auf unsere erste gemeinsame Nacht in Berlin macht mich schwindelig, Du machst mich schwindelig, meine Geliebte!
Oliver kann ich nicht in Bonn lassen. Es ist schließlich eine Dienstreise. Wir haben einen gemeinsamen Termin bei einem Verlag. Und bevor Du und ich Hand in Hand im Großstadtrummel untertauchen, müssen wir getrennt das Hotel verlassen.

✉ **Betreff: Was wollen wir voneinander wissen?**
Datum: 29.10.2012, 10:03:10
Bei diesem Gedanken fühle ich mich schmutzig. Es tut mir weh. Aber so ist unser Experiment angelegt. Ich, die „Reisende Geliebte“, treffe Dich, meinen „verheirateten Freund“ und Lügner. Das klingt fast schon verbittert. Ich muss wissen, wie weit unser Experiment in unsere Leben eingreifen darf. Wie viel willst Du von mir wissen? Wie viel darf ich von Dir wissen?

Oft habe ich nicht den Mut, Dich etwas zu fragen. Ich weiß nicht, was Du machst, außer zu arbeiten und Victor zum Basketball zu begleiten. Wofür interessierst Du Dich? Wie verstreichen Deine Wochenenden ohne mich? Einerseits bin ich sehr neugierig, andererseits will ich manche Bilder nicht in meinem Kopf haben.
Du fragst, ob ich wissen will, wo Du Deinen Familienurlaub verbracht hast. Ja, ich will. Du erzählst es mir. Das Ergebnis: Ich sehe Dich neben Deiner Frau in der Sauna liegen und mein Magen verdreht sich. Der Brechreiz geht bald vorbei. Aber Deine Mitmenschen gehören zu Deinem Leben. Für Dein Leben interessiere ich mich. Besonders für Deinen Sohn. Ich möchte wissen, wer Du bist, sonst habe ich das Gefühl, mit einer Blackbox zu schlafen. Also noch einmal meine Frage: Was wollen wir voneinander wissen?

Betreff: Re: Was wollen wir voneinander wissen? ✉
Datum: 29.10.2012, 10:13:13
Meine Liebe,
Du kannst mich alles fragen. Ich will vor Dir keine Geheimnisse haben, es reicht mir vollkommen, dass ich Dich verheimlichen muss. Ich will Dir gegenüber offen sein, Dir alles erzählen, Dich an meinem Leben teilhaben lassen. Aber ich bin sensibel genug, um einige Bereiche auszuklammern. Ich weiß nicht, wie lange das funktioniert.
Denkst Du daran, wie es mit uns weitergeht? Ich denke im Moment nur daran, Dich in viel zu vielen Tagen erst wiederzusehen. Dass es eine Dienstreise ist, habe ich fast schon vergessen. Das wird so schön, Anna. Aber ich frage mich auch, ob das zu egoistisch von mir ist.
Du gibst mir so viel mehr, als ich Dir geben kann. Das tut mir leid, Du verdienst so viel mehr, meine liebe, schöne, sanfte, leidenschaftliche Anna. Kannst Du so mit mir leben?

✉ **Betreff: eine Frage**
Datum: 29.10.2012, 10:25:55
Wieso glaubst Du, dass ich Dir viel mehr gebe als Du mir? Ich wähnte mich in der Annahme, dass unsere Gefühle füreinander dieselben sind.

✉ **Betreff: eine Antwort**
Datum: 29.10.2012, 10:30:23
Das sind sie, Anna, das sind sie. Aber Du kommst nach Köln, nach Bonn, hoffentlich auch nach Berlin, machst überhaupt erst möglich, dass wir uns sehen können. So meine ich das, mehr steckt nicht dahinter. Das war ein offensichtlich falsch zu verstehender Versuch, danke zu sagen. Ich bin so verliebt in Dich, sehne mich nach Dir, denke an Dich, freue mich über jede Zeile von Dir. Deine Fotos machen mich glücklich und ich zähle die Tage, bis wir uns endlich wieder in den Arm nehmen können. Ist das so verständlicher?

✉ **Betreff: Re: eine Antwort**
Datum: 29.10.2012, 10:31:56
Jetzt bin ich beruhigt. Und nun erzähl mir noch etwas von Dir, was sich zu wissen für mich lohnt.

✉ **Betreff: Wissenswertes**
Datum: 29.10.2012, 10:42:18
Ich mag klassische Musik, Brassbands, französische Chansons, obwohl ich kein Wort verstehe. Ich liebe es, essen zu gehen. Ein Grund, aus der DDR zu fliehen, war dieses unglaublich miese und langweilige Essen. Erinnerst Du Dich noch daran, was damals als „Salat“ bezeichnet wurde? Diese trockenen weißen und bisweilen lila gefärbten Kohlschnipsel? Schon der Gedanke daran zieht mir die Schuhe aus.
Ich habe Schuhgröße 43 bin ein politischer Mensch, wenngleich mich die Tagesaktualität nicht mehr sonderlich in-

teressiert, ich schaue keine Nachrichten mehr, weil die meisten Nachrichten für mein Leben keinen Nachrichtenwert haben.
Ich bin glücklich, wenn ich etwas Gutes schreiben kann, wenn ich neue Herausforderungen habe. Ich bin frustriert, wenn ich nur für Geld arbeiten muss, freue mich, dass ich in diesem Jahr mit meinem Buch auf Lesereise gehen konnte, bin sehr optimistisch, bald mein nächstes Buch zu beginnen, will in diesem Jahr noch einen Krimi schreiben und erzähle fast nur über die Arbeit. Aber ich kann das nicht trennen, weil ich ja nicht aufhöre zu denken und am liebsten denke ich mir etwas aus oder ich denke an Dich und dann denke ich mir aus, wie es ist, wenn wir uns sehen, was wir zusammen machen.
Nicht nur Sex. Ich würde gerne in Berlin das Mauermuseum am Checkpoint Charlie besuchen, und das möchte ich mit Dir tun. Ich würde mich sehr freuen, wenn Du mich begleitest.
Jetzt schaue ich mir die Wanderfotos an, die Du mir geschickt hast, und stelle mir vor, ich wäre dabei gewesen. Ich küsse Dich.

PS: Etwas habe ich noch vergessen, was sich für Dich zu wissen lohnt: Ich bin im Haushalt nicht zu gebrauchen, kann weder mit Hammer noch mit Zange umgehen, verabscheue es, Blumen zu gießen, kann aber eine Waschmaschine anschalten, einen Trockner sowie eine Spülmaschine leeren. Ich habe gelernt, mich durch vorgetäuschte Unfähigkeit vor zu viel Hausarbeit zu schützen. Im Notfall bin ich natürlich immer hilfsbereit und einsatzfähig.

* * *

Betreff: „männlich, verheiratet, 43, sucht“ ✉
Datum: 30.10.2012, 08:23:56
Das klingt wie eine Kontaktanzeige in der Zeitung, aber

nicht wie die eines verheirateten Mannes. Ich habe beim Bergsteigen sehr viel nachgedacht. Im Grunde leben und lieben wir nur in dieser „experimentellen Form“, weil Du Dich nicht entscheiden möchtest. Richtig? Weil Du beides willst. Dein gewohntes Familiendasein und mich noch dazu. Ich mache das mit, weil ich verliebt bin. Ich weiß aber nicht, wie lange ich es ertrage, Deine liebste Nebensache zu sein.

✉ **Betreff: Re: „männlich, verheiratet, 43, sucht“**
Datum: 30.10.2012, 08:25:10
Ja, ich bin ein Lügner, ein verliebter Lügner.

* * *

✉ **Betreff: Anna?**
Datum: 31.10.2012, 09:45:54
Jetzt warte ich, was Du wohl schreiben wirst, mir wird ganz schwer ums Herz. Ich bin keine Blackbox, jetzt habe ich Angst, Dich nie wiederzusehen. Roger

* * *

✉ **Betreff: Anna??**
Datum: 01.11.2012, 08:00:53
Anna, ich habe Angst. Du bist so still. Bitte schick mir nicht wieder eine von Deinen „Schluss-Mach-E-Mails“.

* * *

✉ **Betreff: Gefühlt richtig**
Datum: 02.11.2012, 09:07:33
Lieber Roger, alles, was ich jetzt schreibe, ist ganz ruhig geschrieben, hier ist nichts Aggressives zu lesen. Du fragst, „ob ich so mit Dir leben kann“? Das klingt absurd. Das ist kein Leben, das ist „nur“ lieben. Es passiert alles im Kopf. Ja, das kann ich, ich weiß nicht, wie lange.

Was mich „bei der Stange hält" ist Folgendes: Ich bin die einzige Frau, in die Du verliebt bist, obwohl Du bereits eine Frau hast. Ich bin die einzige Frau, von der Du träumst, ob mit offenen oder geschlossenen Augen. Ich bin die einzige Frau, mit der Du gigantischen Sex hast, und zwar ohne vorher zu üben. Ich bin die einzige Frau, wegen der Du Geschichten erfindest und lügst. Ich bin die einzige Frau, mit der Du in Gedanken Deinen ganzen Tag verbringst, ich bin die einzige Frau, der Du täglich Liebesbriefe schreibst, und ich bin die einzige Frau, die Dir all das genauso erwidert, seit Monaten. Bitte denk darüber nach, warum das so sein kann und was es für Dich und Dein Leben bedeutet.

Ich habe sofort gespürt, dass „gefühlt alles richtig" ist, nahezu perfekt. Du weißt das. So fühlt es sich an, wenn der Blitz einschlägt. Einmal im Leben in dieser Intensität. Wir müssen es ausleben, alles andere wäre falsch, ein Verbrechen am Leben!

Du hast Glück, dass ich eine selbstständige, selbstbewusste Frau bin, die gut allein lebensfähig ist. Ich habe Fantasie. Ich zehre vom Kopfkino und von dem Wissen, dass Du genauso fühlst wie ich.

Wie geht es weiter mit uns? Darüber habe ich heute auch nachgedacht. Nach Berlin geht es in Deinem Büro weiter und in Köln, circa drei Wochen nach Berlin. Das blaue Bürosofa will mich wiederhaben. Dann vielleicht ein Spaziertag in Kassel? Nächte sind schwer zu kriegen bei Dir, denn Du bist ein „feiger Heimschläfer". Danach Leipzig, kurz vor Weihnachten, wenn Du auf der Durchreise zu Deinen Geschwistern nach Dresden bist.

Du musst eines wissen, ich kann nur ganz oder gar nicht. Zwischentöne liegen mir nicht. Aber da es bei Dir für „ganz" nicht reicht und ich so verliebt bin, machen wir dieses schräge Beziehungsexperiment. Und wenn ich schon so etwas mache, dann wenigstens das mit vollem Einsatz. Ich kann nichts Halbes. Ich kann nichts Lauwarmes.

Und noch etwas! Ich sehe zwischen Verliebtsein und Liebe einen Unterschied. Wenn der Vollrausch vorbei ist, kann die Zweisamkeit enden oder es wird Liebe daraus.
Sie kann enden, wenn Frau feststellt, dass der Prinz Rechtsradikaler oder Alkoholiker ist, nicht klug genug ist oder ein Blender. Wenn nicht, geht es weiter und man lernt sich lieben. Immer mehr.
Und ich sage Dir eins: Du wirst mich lieben! Das tut mir leid für Dich. Es wird mehr und schlimmer und schöner zwischen uns. Wenn Du Glück hast, sagt Deine Frau zu Dir, dass sie seit sieben Jahren schon den dicken Müller von nebenan liebt. Dann wird's leicht für Dich. Hast Du schon einmal über diese Möglichkeit nachgedacht? Oder bist Du so sehr mit Dir selbst beschäftigt, dass Du darauf noch gar nicht gekommen bist? Vielleicht hütet Deine Frau auch ein kostbares Geheimnis?
Das ist es, was ich zu all dem denke und fühle. Fakt ist eins: Fröhlich kann nicht ohne Nowitzki und Nowitzki kann nicht ohne Fröhlich. Deine Anna

✉ **Betreff: Re: Gefühlt richtig**
Datum: 02.11.2012, 09:56:00
Oh, Anna, Deine E-Mail ist so ein emotionaler Schlag. Die Wucht hat mich umgehauen. Analytisch auf den Punkt gebracht. Ich bin in Dich verliebt, was irgendwie eine kolossale Untertreibung ist.

***

✉ **Betreff: Blutige Flügel**
Datum: 05.11.2012, 05:23:00
Das war es, was Du dazu zu sagen hast? Mehr nicht?
Ich hatte eine furchtbare Nacht. Du erinnerst Dich an meinen bildhaften Traum vom Maschendrahtzaun. Gegen das, was ich gestern Nacht gesehen habe, war das eine aufgeweichte Schlagersüßtafel.

Ich träumte von Dir. Du hast unmittelbar vor mir ein Verkehrsschild in den Boden gerammt. Ein Sackgassenschild. Ich saß hinter dem Schild auf einem Stuhl, fest angebunden an Händen und Füßen. Ich konnte mich kaum bewegen. Meine Hände waren mit einem weichen weißen Strick gefesselt. Er schnitt nicht in meine Haut, aber er ließ auch keine Bewegung zu. Ich konnte nur mit dem Stuhl voranhüpfen, hinein in die Sackgasse.
Sie war keine gewöhnliche Straße, nein, das riesige „T" war von Mauern aus meterhohem Beton begrenzt, Mauerbeton. Ich konnte die Wolken ziehen sehen, wenn ich nach oben blickte. Ich schob mich mit dem Stuhl hinein. Dafür war der Raum zwischen den grauen Betonwänden gerade breit genug, aber es gab keinen Ausweg, nur Grenzen, von Dir aufgestellte Grenzen.
Das Schrecklichste kommt noch: Ich hatte kleine Flügel, weiße, mit Federn. Sie waren frisch gestutzt, abgeschnitten. An Fliegen war nicht zu denken. Sie bluteten an der Schnittstelle. Ich habe lautlos getropft. Es war furchtbar. Ausweglos.

Betreff: Re: Blutige Flügel ✉
Datum: 05.11.2012, 08:59:00
Was für ein Horror! Ich stutze Dir Deine Flügel, sperre Dich ein. Wenigstens kann ich Dich heute besser verstehen. Und ich dachte, ich hätte Dir eine Liebeserklärung gemacht, aber statt ein Lächeln aufs Gesicht, habe ich Dir einen Albtraum dahinter beschert.
Immer öfter bemerke ich, wie die schnelle elektronische Kommunikation zu gravierenden Missverständnissen führt. Anna, ich will Dich nicht beschneiden, einengen, quälen, aber ich mache es trotzdem. Das tut mir sehr leid. Aber viele Träume gehen nicht in Erfüllung, auch Albträume nicht. Ich küsse und umarme Dich!

Betreff: Gute Heimreise! ✉
Datum: 05.11.2012, 10:03:11

Geliebte, ich bin froh und glücklich, dass wir uns bald in Berlin wiedersehen. Jede Minute nach meiner Besprechung wird uns gehören. Es wird großartig werden. Jetzt wünsche ich Dir eine entspannte Rückreise aus der Schweiz. Fahr vorsichtig!

✉ **Betreff: Willkommen zu Hause in Leipzig!**
Datum: 05.11.2012, 18:00:22
Willkommen zu Hause, meine Geliebte.
Zur Begrüßung gibt es eine Geschichte aus der Reihe „Mein erstes Mal". Heute: Mein erstes Mal – eine ganze Nacht mit Frau Fröhlich.
Diese Geschichte sticht ein wenig aus der Reihe heraus, denn diese Nacht habe ich noch gar nicht erlebt. Aber ich schildere Dir gern, wie ich mir diese Nacht erträume. Möchtest Du?
Gut, wir treffen uns in Berlin, wahrscheinlich wird es kalt sein, der November in Berlin ist immer trist, aber das spielt für uns keine Rolle. Wir sind verliebt. Und das Beste daran: ineinander! Ich sitze in meinem Termin, rede über die Möglichkeit einer romantischen Komödie und denke eigentlich nur an die echte Romanze, die mir bevorsteht. Ich bin aufgeregt, manchmal verliere ich den Faden im Gespräch, weil Bilder vor mir auftauchen. Frau Fröhlich lacht mich an, Frau Fröhlich streichelt mein Gesicht, Frau Fröhlich küsst mich. Ich lächle, die anderen denken über ihre eigenen Bemerkungen nach und darüber, was es da wohl zu lachen gibt. Nur Du und ich wissen, warum ich wirklich lächle. Weil schon die Vorfreude auf Dich mich unglaublich glücklich macht.
Das Gespräch endet, wir bekommen den Auftrag, ein Exposé zu schreiben, alle sind guter Dinge, an diesem Tag kann einfach nichts schiefgehen. Im Anschluss muss ich dringend ins Hotel.
Ich bin krank, Kopfschmerzen, Migräne. Ich bin wirklich krank, krank vor Liebe. Es ist still im Hotelzimmer, ich

gehe auf und ab. Frau Fröhlich, kommt sie, oder kommt sie nicht? Der grüne Tee wird kalt, Frau Fröhlich wird ihn nicht trinken. Es klopft mein Herz und an der Tür. Schneller, als jemand „Herz“ sagen kann, reiße ich die Tür auf. Da steht sie, Frau Fröhlich. Wir fallen uns in die Arme, schauen uns in die Augen, berühren und streicheln uns, ja, es passiert wirklich, es ist kein Traum mehr, ich kann sie riechen, sie fühlen. Sie legt den Mantel ab, sie trägt ein Kleid, ich muss sie wieder anfassen, ihre Hände küssen. Wir sitzen auf dem Bett, ihre Hand schlüpft unter mein T-Shirt. Ein Schauer läuft mir über den Rücken.
Die Zeit steht still, für diesen Moment bin ich nach Berlin gekommen. Für dieses Gesicht, für diese Haut, für diese Brüste, die so schön sind, so wohlgeformt, für diesen Bauch, für diese Hüften, für diese Beine, für diesen Mund, für diese Frau. Für ihr Lachen, ihre Stimme, ihre Leidenschaft, für ihren Witz. Ich küsse sie, helfe ihr aus dem Kleid. Meine Vision wird fortgesetzt, wir sind ja erst beim Tee. Die Nacht kommt noch. Schlaf gut, Begehrte, komm erst mal zu Hause an, entspanne Dich.
Roger

* * *

Betreff: Guten Morgen
Datum: 06.11.2012, 09:00:25
Meine liebe Anna, ich hoffe Dir ist nichts passiert? Ein Lebenszeichen nach Deiner Rückankunft wäre nicht schlecht gewesen. Ich sorge mich um Dich.
Gestern Abend war ich in einem Konzert. Ich habe davon nicht viel gehabt, weil ich in Gedanken bei Dir war. Ich stellte mir vor, Du hättest neben mir gesessen. Ich weiß nicht, ob wir jemals zusammen ein Konzert erleben werden, aber vor fünf Monaten hätte ich auch noch nicht für möglich gehalten, Dir jeden Tag zu schreiben, mich derart nach Dir zu sehnen, dass es schmerzt.

✉ **Betreff: Berliner Nacht, Teil 2**
Datum: 06.11.2012, 11:56:25

Anna, mein „Heimchen", wo steckst Du denn heute? Ich würde kalten Entzug erleiden, hättest Du mir letzte Woche nicht die schönen Fotos von Modell „Heimchen" geschickt. Ich kann den Tag, an dem ich selber in diese Schürze schlüpfe, kaum noch erwarten. Das ist gelogen, ich kann den Tag kaum erwarten, an dem ich Dich aus dieser Schürze oder aus dem schicken Kleid, das Du darunter trägst, befreie.

In knapp einer Woche wird so ein Tag sein. Jetzt, wenn ich daran denke, kann ich fast den Stoff spüren, Deine Haut darunter. Wenn ich die Augen schließe, sehe ich Dich vor mir. Ich stelle mich wieder auf die Zehenspitzen, damit ich Dich bequem küssen kann. Dieses Mal werde ich Dir die Tür zum Hotelzimmer öffnen und ich werde garantiert allein sein, wir können uns sofort und auf der Stelle in den Arm nehmen. Und das Beste ist, wir müssen uns sobald nicht wieder trennen. Die ganze Nacht liegt vor uns. Ist das nicht herrlich?

Ich werde nichts denken, wieder alles ganz natürlich geschehen lassen. Ich muss mir nicht sagen: „So, gut, jetzt hast du das Gesicht genug geküsst, sie hat auch noch wunderbare Brüste, guck dir die mal genauer an!" Nein, es passiert alles ganz natürlich, wie im Rausch.

Unsere Körper verstehen sich gut, als würden sie sich schon ewig kennen, hätten sich aber irgendwann verloren und würden nun Wiedersehen feiern. Wiedersehen, Wiederhören, Wiederfühlen, Wiederschmecken. Wie Magnete, Du ziehst mich an, wie der stärkste Magnet der Welt, so ist es. Egal, ob Du fünfhundert oder eintausend Kilometer weit weg bist. Mein Kompass schlägt immer in Deine Richtung aus. Das ist jetzt gar nicht auf mein primäres Geschlechtsorgan bezogen, aber jetzt, wo ich es noch einmal lese, könnte man es auch so verstehen. Und das stimmt auch. Und es ist unglaublich und ich kann mich nicht erinnern, wann

und ob es mir überhaupt schon einmal so ergangen ist. Ich muss nur an Dich denken, was ich irgendwie die meiste Zeit mache, und schon reagiert mein Körper. Auf jede SMS, jede E-Mail, es sei denn ich bekomme eine „Schluss-Mach-E-Mail“, reagiert er. Sobald ich Deine Stimme am Telefon höre, reagiert er. Ich mache den Mantel zu, wenn wir telefonieren, während ich durch die Stadt gehe. Aber meine Gedanken sind nicht schlüpfrig, ich bin verliebt in Dich, offensichtlich mit jeder Zelle meines Körpers.
Wie wird unsere erste Nacht sein? Leidenschaftlich, zärtlich, zeitlos. Ich will Dich schmecken, immer wieder, Dich streicheln und berühren, Dich ansehen, mich an Dich schmiegen, Deine Lippen an meinem Ohr, Deine Hände auf meinem Po, gemeinsam erschöpft in die Kissen sinken, fühlen, wie Du Dich zu mir legst, Deine Brüste an meinem Rücken, Deine Hände auf meinem Bauch, davon träume ich.
Roger

Betreff: Re: Berliner Nacht, Teil 2
Datum: 06.11.2012, 12:00:08
Danke, mein Lieber für diesen verheißungsvollen Start in den Tag. Ich habe auch etwas für Dich: Das Zimmer für unser nächstes Treffen in Köln ist bereits gebucht, damit wir uns direkt nach Berlin auf ein Wiedersehen vorfreuen können.

Betreff: Super!
Datum: 06.11.2012, 12:03:53
Du bist eine Frau der Tat! Auch deswegen bin ich so verrückt nach Dir.

* * *

Betreff: Kaugummi
Datum: 07.11.2012, 10:12:12

Lieber Roger,
ich habe das Gefühl, die Tage ziehen sich hin wie Kaugummi. Immer noch fünfmal schlafen!

✉ **Betreff: Re: Kaugummi**
Datum: 07.11.2012, 11:11:16
Liebe Anna,
bald beginnt die neue Woche, die Woche, in der wir uns wiedersehen, endlich. Daran denke ich. Ich freue mich auf Berlin, auch weil wir beide zusammen zum Brandenburger Tor spazieren könnten. Willst Du?

✉ **Betreff: Ja, ich will!**
Datum: 07.11.2012, 12:13:14
Klar, ich will. Mit dem Brandenburger Tor ist für mich nicht nur der Gedanke an unser vereintes Deutschland verbunden, sondern auch die Erinnerung an große Schmerzen und an eine Euphorie, die nichts mit der Grenzöffnung 89 zu tun hat. Neugierig?

✉ **Betreff: Ja, ich will auch!**
Datum: 07.11.2012, 12:54:09
Ich befürchte, da kommt wieder ein „Erstes Mal" auf mich zu. Her damit! Ich bin gespannt darauf, was Du mit dem BrandenburgerTor verbindest, wenn es nichts Politisches ist.

* * *

✉ **Betreff: Das erste Mal 42 Kilometer gelaufen**
Datum: 08.11.2012, 11:18:09
Du weißt, ich bin Reiterin, keine Läuferin. Ich habe überhaupt keine Läuferfigur. Dennoch ließ ich mich von meinen Freunden vor ein paar Jahren zu meinem ersten Marathon anstiften. Alle wollten im September den Berlin-Marathon laufen, ich durfte mit, als einzige Frau in der Läufergruppe.

Meine gut trainierten Sportsfreunde gaben mir ihr bewährtes Trainingsbuch in die Hand: „In 12 Wochen zum Marathon“.

Ich, als konsequente Nichtläuferin, begann nach dem Trainingsplan für „In 5 Stunden ankommen“ zu laufen. Ich dachte mir, das reicht fürs Erste. Vor dem Besenwagen ankommen ist wichtig, die Zeit war mir egal.

Es war erst März, ich hatte also die Zeit, den Trainingsplan zwei Mal hintereinander durchzulaufen. Während des ersten Lauftrainings mit Pulsuhr und Laufbuchführung zog ich mir einige Gebrechen zu. Ich hatte meinen Körper überfordert. Knie, Rücken, Muskeln. Ich lernte während dieser Zeit viele Physiotherapiepraxen von innen kennen. Aber an Aufgeben war nicht zu denken, ich bin zäh. Damals war es für mich noch so, dass ich nach 20 Kilometern Laufstrecke für den Rest des Tages auf dem Sofa liegen und meine Wunden lecken musste. Heute nimmt mein Köper solche Strecken nicht mehr ernst.

Berlin. 35.000 Starter. Ich war im Startblock „H“ untergebracht. „H“ steht sicher für „Hausfrauen“ oder für „Hinten“. Es ging los, die Stimmung war einzigartig. Wirklich, das war so erhebend und motivierend. Berlin ist die beste Strecke, was das Publikum betrifft. Meine Jungs habe ich erst im Ziel wiedergetroffen. Das sind Sportler, die laufen die Distanz in 3:15. Sie waren also längst erholt und frisch geduscht, als ich kurz vorm Besenwagen ins Ziel kam. Ich hatte ab Kilometer 35 Krämpfe in der rechten Pobacke. Das tat so weh! Dort knurrte ein großer Muskel, der mit meiner Laufidee wohl nicht ganz im Einklang war. Ich musste also auf den letzten paar Kilometern drei Mal auf die Massagebank, um danach tapfer weiterzuhinken.

Doch in meinen Gehpausen schöpfte ich genug Kraft, um im Sprint durchs Brandenburger Tor zu rennen. Das vergesse ich niemals! Einmal durch das Tor der deutschen Einheit, die Menschenmassen bejubelten jeden, der es geschafft hatte, egal in welcher Zeit. Es reichte bei mir sogar

für ein Lächeln und Freudentränen unterm Brandenburger Tor.
Völlig euphorisch kam ich nach 5 Stunden und 58 Minuten ins Ziel und ich wusste sofort: Ich will es wieder tun. Ich wurde süchtig danach.
Die Spötter hatten ihren Spaß: „Anna, warum bist du denn so lange gelaufen … das ist nicht gut für deine Beine … dass ein Mensch so lange laufen kann! Wir bewundern dich, Anna!“
In den folgenden drei Tagen konnte ich keine Treppen steigen, jede Bewegung war eine Herausforderung für mich, etwa eine Woche lang.
Ein halbes Jahr später lief ich ohne die Jungs in Hamburg den nächsten Marathon in weniger als fünf Stunden. Ich hatte einfach die Liegepausen bei den Masseuren ausgelassen. Doch etwas war anders: Die Euphorie war mir abhandengekommen. Der Zieleinlauf hinter den Messehallen in Hamburg war nur ein müder Abklatsch von dem, wie ich ihn am Brandenburger Tor erlebt hatte. Ich vergaß sogar, mir meine Finisher-Medaille von den schrecklich ausgeruhten jungen Mädchen im Zielbereich um den Hals hängen zu lassen. Später fiel es mir auf, ich musste zurückgehen. Du hast keine Vorstellung davon, wie lang 50 Meter Rückweg sein können, wenn man gerade 42 Kilometer gelaufen ist.

✉ **Betreff: Re: Das erste Mal 42 Kilometer gelaufen**
Datum: 08.11.2012, 12:56:19
Respekt! Du bist wirklich zäh und sehr willensstark.
Meinen letzten Dauerlauf habe ich in der zehnten Klasse absolviert. Damals an der polytechnischen Oberschule quälte man uns zwei Mal wöchentlich mit Sportunterricht, weißt Du noch? Nach einem einstimmigen „Sport frei“ und der Erwärmung ging es los. Die 3.000 Meter, die wir Jungs rennen mussten, waren mir ein Graus, ebenso das

Werfen mit den Handgranatenimitaten. Damit durften wir gleich üben, nachdem wir uns im Schlagball-Weitwurf bewährt hatten.
Stell Dir vor, mein Sohn würde im Sportunterricht mit einer Handgranate auftauchen. Ich sehe schon die Schlagzeile in der BILD: „Militanter Ossi-Vater zwingt Kind zum Waffengebrauch – die neue Generation F-1.“

Betreff: Generation F-1 ✉
Datum: 08.11.2012, 13:06:07
Ich finde es schon verrückt, was die damals alles mit uns anstellen durften. Doch als ich die F-1 werfen musste, war ich mir der Tragweite des Ganzen überhaupt nicht bewusst. Das waren ja keine Spielzeuge, gut, sie waren nicht scharf, es waren nur die Körper der Handgranaten. Die Russen hatten sie schon im 2. Weltkrieg bei der Roten Armee eingeführt. Und in den Achtzigern lagen die Granatenkörper in Kinderhänden. Manche der griffigen, schweren Metallkörper waren rot lackiert, damit wir sie auf der Weitwurfwiese gut wiederentdecken konnten. Im Rückblick finde ich die ganze Sache perfide.
Granatenwerfen im Schulsportunterricht. Unsäglich!

* * *

Betreff: 9. November 89 ✉
Datum: 09.11.2012, 09:06:13
Mein von Herzen Geliebter und mit jeder Faser meines Körpers begehrter Roger, heute jährt sich der 9. November 89 zum dreiundzwanzigsten Mal. Ich muss zu meiner Schande gestehen, dass ich nicht mehr weiß, was ich an diesem Tag gemacht habe. Ich war bestimmt ohne FDJ-Hemd bei meinem Lieblingspony in der Arbeitsgemeinschaft Reiten. Ich wünschte, ich wäre damals schon „erwachsen“ gewesen, dann hätte ich den Umbruch bewusst

erlebt, und nicht nur nebenbei. Das ist etwas, was ich in meinem Leben wirklich bereue, verpasst zu haben. Du warst mir zu diesem Zeitpunkt weit voraus.

✉ **Betreff: Re: 9. November 89**
Datum: 09.11.2012, 11:16:19
Am 9. November 1989 war ich in München. Es lag schon fast ein Monat Kellnern hinter mir. Als Wirtschaftskaufmann mit Ostabschluss fand ich freilich keinen Job. Einige Kolleginnen in der Kneipe waren so schlecht organisiert, so panisch bei jedem Anflug von Stress. Ich hingegen war unterfordert. Zu diesem Zeitpunkt wusste ich bereits, dass ich in solch einem Studentenjob nicht alt werden würde. Daneben entdeckte ich jeden Tag ein anderes Restaurant. Italiener, Inder, Chinesen, Griechen, bayerische Küche. Am Abend sah ich die Demonstrationen im Osten im Fernsehen und rechnete eigentlich immer noch mit einem militärischen Eingreifen. Das geschah zum Glück nicht. Die Menschen im Fernsehen, mit ihren schlechten Frisuren, den stonewashed Jeans und dem sächsischen Dialekt. In meiner Erinnerung sprechen alle sächsisch und die Männer haben Oberlippenbärte. Ich habe sie nicht gemocht und wollte sie auch nicht so bald wiedersehen. Und dann ging die Mauer auf, ganz plötzlich.
Und jetzt ist ganz plötzlich Wochenende, zum einen treibt es mich von Dir weg, zum anderen auch dicht an Dich heran, denn wenn es vorbei ist, trennen uns nur noch drei Tage!

* * *

✉ **Betreff: Familienwochenende**
Datum: 11.11.2012, 09:53:10
Hallo? Roger? Was denkst Du? Was fühlst Du? Ich fühle mich heute besonders weit weg von Dir. So abgeschnitten, so verloren. Was machst Du? Geht es Dir gut? Bist Du noch da? Klopft Dein Herz noch für mich?

Ich habe ein ganz typisches Single-Wochenende hinter mir. Das sieht so aus: Arbeiten, Kino, jeden Tag laufen, gestern bei leisem Schneegeriesel, drei Fernsehbeiträge vorbereitet, Moderationen geschrieben, gelesen, Rotwein getrunken, wenig gegessen, mein Pferd besucht. Ich liebe meinen Romeo II. Nummer zwei, weil es noch ein Pferd gibt, das Romeo heißt. Die beiden haben dieselbe Abstammung, das heißt dieselben Eltern.
Wochenenden wie diese machen mich immer wieder nachdenklich. Du kannst Dir sicher gar nicht mehr vorstellen, wie das ist, wenn man so viel Zeit für sich selbst hat. Ich genieße das. Dennoch frage ich mich jedes Mal am Sonntagabend: Habe ich Lebenszeit verschenkt? Habe ich etwas verpasst? Es sind Tage, an die ich mich auf dem Sterbebett nie erinnern werde. Ist das Leben anderswo? Ist es bei Dir?
Heute ist ein merkwürdiger Sonntag. Ich spüre nichts, was aus Deiner Richtung zu mir herüberdringt. Viermal schlafen klingt nach viel. Das Ende der Zielgerade verschwindet in grauem Nebel. Es sieht diffus aus. Liegt es am Rotwein?

* * *

Betreff: Black Orpheus ist tot
Datum: 12.11.2012, 08:59:11
Anna, Du hast Dich nicht getäuscht, ich war ganz weit weg. Aber nicht nur, weil Sonntag war. Unser Kater ist überfahren worden. Ich musste ihn heute Morgen begraben.

Betreff: Re: Black Orpheus ist tot
Datum: 12.11.2012, 09:12:41
Ach, mein armer Katzenfreund. Was soll ich dazu sagen? Ich weiß nicht, wie sehr Du an dem kleinen Schwarzen gehangen hast. Ich hoffe, ich tapse mit meinen unbeholfenen Tatzen nicht in Fettnäpfe hinein.

Wenn mein Pferd heute vom Auto überfahren würde, wäre ich am Boden zerstört. Ich würde einige Wochen pausieren und dann für tierischen Ersatz sorgen. Ich habe mich schon oft mit dem Tod des geliebten Tieres auseinandergesetzt, weil mir schon einige Tiere gestorben sind.
Ich vermute, Victor ist besonders traurig. Wie traurig bist Du? Vielleicht tröstet Dich die Vorstellung davon, dass ich bald ein wenig in Deinen Armen schnurre und mich von Dir streicheln lasse.
Und ganz egoistisch muss ich Dir sagen, dass ich mir Sorgen darum mache, Dich zu verlieren. Der Tod des haarigen Familienmitgliedes wird Euch drei zusammenschweißen und mich in den Hintergrund treten lassen.

✉ **Betreff: Aw: Black Orpheus ist tot**
Datum: 12.11.2012, 09:52:49
Nein, Anna, meine Gefühle für Dich sind stark. Du verschwindest nicht im Hintergrund, im Gegenteil.
Ich bin sehr traurig. Du liebst Dein Pferd, ich liebe einen Kater. Ich denke, Du kannst das nachvollziehen.
Black Orpheus und ich hatten eine Liebesbeziehung. Mit mir schmuste er am liebsten, kletterte nachts in mein Bett, ich jagte ihn durch die Wohnung, er war immer schneller als ich, er kuschelte sich auf meine Brust, pikste mich mit seinen scharfen Krallen, saß auf meinem Schoß, wenn ich zu Hause arbeitete, kam mir immer entgegengelaufen, wenn ich abends aus dem Büro kam. Er wird mir sehr fehlen.
Wir wohnen ganz oben, Orpheus kletterte immer über die Terrasse, den Dachfirst, das sah halsbrecherisch aus, er hatte wohl wirklich sieben Leben, bis ihn ein Auto zur Strecke brachte.
Er hatte ein kurzes, aber freies und glückliches Leben. Er fraß nur Trockenfutter und Thunfisch aus der Dose. Er war zwar ein Warschauer Straßenkater, sah aber aus wie der ägyptische Katzengott. Ganz elegant und glänzend

schwarz. Er war sogar im Tod noch schön. Ich habe ihn im Blumenbeet auf der Terrasse begraben, wo er so gerne sein Geschäft verrichtet hatte.
Victor weiß es noch nicht, sonst hätte er wahrscheinlich nicht in die Schule gehen können. Eigentlich ist es sein Kater, es wird ihn schwer treffen. Wir werden eine Kerze auf Orpheus „Grab" stellen. Es überrascht mich nicht, dass mich dieser Tod so schmerzt. Entweder ganz oder gar nicht. Die Aussicht, Dich bald in meinem Arm schnurren zu hören, Dich zu streicheln, tröstet mich sehr, meine Geliebte.

Betreff: Katzenfreund ✉
Datum: 12.11.2012, 09:58:46
Von Herzen Geliebter,
ich kann den Kater gut verstehen. Auch ich hätte gerne auf Deinem Schoß gesessen, während Du arbeitest. In Deinem Bett wäre ich stets schneller als Du selbst gewesen. Aber den Freitod hätte ich nicht gewählt. Ich wäre bis zum Schluss auf Deiner Brust liegen geblieben und hätte Deine Haare zerzaust und dabei geschnurrt. Der Kater wusste, was gut ist und wo er hingehört. Ganz oder gar nicht.
Armer Roger, es Victor zu sagen, wird schlimm. Da hast Du heute noch eine schwere Aufgabe vor Dir.

Betreff: Re: Katzenfreund ✉
Datum: 12.11.2012, 10:05:23
Hast Du gestern eigentlich gespürt, dass ich den Kater suche, weil Orpheus sich offenbar in die Unterwelt aufgemacht hatte? Dabei habe ich eine Zeit lang nicht an Dich gedacht. Den ganzen Sonntag haben wir umgeräumt. Victor zieht in ein anderes Zimmer. Das ging Orpheus auf die Nerven, deshalb hatte er sich versteckt.
Kannst Du spüren, wenn ich nicht an Dich denke, und fühlen, wenn meine Gedanken um Dich kreisen? Kann das sein?

Ich bin heute sehr traurig, denke aber an Dich und wie schön es wäre, jetzt von Dir nur in den Arm genommen zu werden. Mein Gefühl hat sich nicht abgeschwächt, ich war nur beschäftigt. Dass Du das fühlen kannst! Kannst Du das wirklich?

✉ **Betreff: Fühlen**
Datum: 12.11.2012, 10:10:11
Es scheint so, als ob ich es fühlen kann. Ich hatte gestern so ein loses Gefühl, so ein verlorenes. Ich habe es Dir geschrieben. Und siehst Du: Ich hatte recht. Du gibst sogar zu, dass Du nicht an mich dachtest! Ich hatte dasselbe Gefühl an dem Tag, als Du wegen Eures Frühstücksthemas, das sich um Betrug drehte, unser Treffen in Kassel abgesagt hattest. Ich habe auch keine Ahnung, warum ich gestern an Deine Katze denken musste. Bin ich eine Hexe? Ich denke, ja, ich kann das alles fühlen, doch einzuordnen weiß ich es dann erst später, wenn nichts mehr zu retten ist.

✉ **Betreff: Re: Fühlen**
Datum: 12.11.2012, 10:13:16
Und was fühlst Du heute, meine geliebte Hexe?

✉ **Betreff: Aw: Fühlen**
Datum: 12.11.2012, 10:15:13
Kann es sein, dass Du mich etwas verspottest?

✉ **Betreff: Re: Fühlen**
Datum: 12.11.2012, 10:16:18
Überhaupt nicht. Danach ist mir heute wirklich nicht zumute. Die Frage war ehrlich. Spürst Du heute, wie sehr ich an Dich denke, wie ich mich danach sehne, Dich im Arm zu halten, Deine Wärme zu spüren, den Duft Deiner Haare zu inhalieren. Mein Herz steht heute weit offen, ich treibe keinen Spott mit Dir.

Betreff: Hexen
Datum: 12.11.2012, 10:19:28
Du willst nur von mir umarmt werden, von keiner anderen! Das könnte Dir zu denken geben, mir nicht. Mir ist das völlig klar. Es schmeichelt mir. Ich bin stolz darauf. Auch wenn Du mit Deiner Frau Möbel rückst, umarmen willst Du nur mich.
Du hast Dich in eine Hexe verliebt. Erst wirst Du mich lieben, dann wirst Du mich verfluchen und das ganze Teufelswerk kaputt machen. Willst Du mich immer noch?

Betreff: Re: Hexen
Datum: 12.11.2012, 10:23:22
Ja, ich will, ich will, ich will!
Aber wie kann das alles sein? Warum bist Du Dir so sicher? Warum sehnen wir uns so sehr nacheinander? Was hast Du gedacht, als Du mich zum ersten Mal gesehen hast? Ich dachte: „Ach!", und hab in mich hineingelächelt. Du hast mir auf den ersten Blick gefallen, ich war gerne mit Dir zusammen und es machte Spaß, mit Dir zu scherzen, Du warst neugierig und ein wenig frech, das mag ich. Bei Deiner ersten E-Mail habe ich wieder gelächelt. War ich da schon verliebt in Dich? Ein bisschen verknallt. Ich hätte es mit einer freundlichen E-Mail bewenden lassen können, aber ich konnte nicht. Ich wollte Dich kennenlernen. Wer ist diese Frau Fröhlich? Wie fühlt sie sich an? Wie riecht sie? Dann die Skrupel, meine Rückzieher, aber das ging wirklich nicht, ich habe es versucht, aber wie gesagt, ohne Fröhlich ging es nicht, gar nicht. Kassel war groß, schön, perfekt. Danach hast Du Schluss gemacht, ich hatte Zement an den Füßen und Blei auf der Brust. In Köln haben unsere Körper getanzt, sie haben ihren eigenen Takt, einen Gleichklang. Ich will Deinen Hexenbuckel, Deine Hexenwarzen, ich will Dich!

✉ **Betreff: Hauptgewinn**
Datum: 12.11.2012, 10:27:21
Gerade heute habe ich auch über den Tag in Moritzburg nachgedacht. Ich stieg aus dem Auto. Du saßt auf der kleinen weißen Bank: Und ich dachte: „Ach! Guck mal!" Ich war sofort begeistert, obwohl Du noch keinen Ton gesagt hattest. Und heute dachte ich: Wie unsinnig, dass wir uns beim Fernsehdreh gesiezt haben. Ich habe „Du" gefühlt. Es war alles vertraut und entspannt. Du wolltest mir sogar wie ein alter Kumpel auf die Schulter klopfen. Nun ja, ich war sofort verknallt. Dann kam der Traum vom Kuss und ich musste etwas tun. Ich hatte nichts zu verlieren. Und nun habe ich schon Einiges gewonnen.

✉ **Betreff: Feierabend**
Datum: 12.11.2012, 14:27:24
Jetzt fahre ich los, um Victor von der Schule zu holen. Ich würde ihm am liebsten gleich sagen, dass die Katze tot ist, aber wir müssen noch zum Training. Heute wird ein Mannschaftsfoto gemacht. Darauf soll er lachen, nicht weinen.
Ich denke an Dich, ich denke an jede Zeile von Dir, ich denke daran, dass wir uns bald in den Armen halten, meine Geliebte!

✉ **Betreff: Gute Nacht**
Datum: 12.11.2012, 18:28:23
Meine Liebe, ich wünsche Dir jetzt schon eine gute Nacht. Ich bin raus für heute. Es war ein schmerzhafter Tag, aber mit wunderschönen Signalen von Dir. Ich bin jetzt einfach nur fertig.

✉ **Betreff:**
Datum: 12.11.2012, 19:00:00
Anna, weißt Du, was heute passiert ist? Orphi ist gestorben. Victor

Betreff: ✉
Datum: 12.11.2012, 19:01:05
Hallo Victor, Wer ist Orphi?

Betreff: ✉
Datum: 12.11.2012, 19:05:45
Na, unsere Katze. Als ich vom Basketball kam war sie tot. Dabei habe ich heute einen Ball in den Korb gemacht.

Betreff: ✉
Datum: 12.11.2012, 19:07:11
Bist Du sehr traurig?

Betreff: ✉
Datum: 12.11.2012, 19:09:12
Nö, aber mein Papa ist heute komisch. Hast Du auch Tiere?

Betreff: ✉
Datum: 12.11.2012, 19:11:16
Ja, ich habe ein Pferd. Es heißt Romeo. Sag Deinem Papa, er soll eine ganze Tafel Schokolade essen, das macht fröhlich. Und schlag Deinen Eltern vor, dass sie Dir eine neue Katze kaufen. Das klappt bestimmt, jetzt wo Dein Papa so traurig ist.

Betreff: ✉
Datum: 12.11.2012, 19:13:17
Okay, ich will noch Musikvideos angucken. Tschüss, Victor

* * *

Betreff: Orpheus im Kinderzimmer ✉
Datum: 13.11.2012, 09:15:14
Roger, Du musst Dich unbedingt ausloggen im Kinderzimmer, oder mir am besten nur noch vom Büro aus

schreiben. Irgendwann geht das schief. Ich habe es nicht übers Herz gebracht, Deinem Sohn nicht zu antworten.

✉ **Betreff: Re: Orpheus im Kinderzimmer**
Datum: 13.11.2012, 09:57:33
Verdammt! Ich war gestern wirklich neben der Spur, wegen des Katers, anscheinend aber mehr als mein Sohn. Danke, dass Du ihm eingeredet hast, dass wir ihm eine neue Katze kaufen sollen. Meine Frau hat sich sofort gekümmert.

✉ **Betreff: Ihre Buchung bei Eastern Escort Services**
Datum: 13.11.2012, 13:34:12
Sehr geehrter Herr Nowitzki,
wir freuen uns, dass Ihnen unser Schnupper-Programm in Köln/Bonn so viel Freude bereitet hat. Wir bedanken uns für Ihre erneute Buchung für Berlin. Die von Ihnen bestellte Service-Fachkraft wird wie gewünscht zu einer Zeit Ihrer Wahl in ihrem Hotel vorstellig werden.
Selbstverständlich steht unser Haus für absolute Diskretion. Da Sie bei uns Neukunde sind, müssen wir Sie nach Ihren Vorlieben bei der Auswahl der Fachkraft befragen. Wünschen Sie eine Hexe, eine Reiterin, eine Ausdauersportlerin, ein Heimchen, eine Sängerin, etwas Intellektuelles oder eher etwas Schlichtes? Haben Sie für uns noch Anregungen und Wünsche?
Wir hoffen, Sie zu Ihrer vollsten Zufriedenheit bedient zu haben.
Wir wünschen Ihnen einen schönen Aufenthalt in der Bundeshauptstadt.
Und bitte: Bleiben Sie gesund.

Ihre Eastern-Escort-Service-Agentur

✉ **Betreff: Re: Ihre Buchung bei Eastern Escort Services**
Datum: 13.11.2012, 13:54:10
Sehr geehrtes Service-Team,

vielen Dank für die Bestätigung der Buchung. Ihre nach Köln entsandte Mitarbeiterin übertraf meine Erwartungen beträchtlich. Nun hängt die Latte freilich hoch, um es salopp zu formulieren, deshalb bin ich sehr auf die Fortsetzung unserer Zusammenarbeit gespannt.
Wenn es Ihnen möglich ist, würde ich mich über den Besuch einer ausdauernden Sängerin mit magischen Fähigkeiten, deren Intellektualität ihre Vorliebe für das Häusliche sogar noch übertrifft, die aber trotzdem ehrlichen Spaß an meinen schlichten Scherzen hat, freuen. Wenn diese Person dann noch die Wärme, Begeisterung und Leidenschaft Ihrer Kölner Mitarbeiterin mitbringt, bin ich mehr als optimistisch, dass unser Meeting besonders fruchtbar wird. Ich werde Ihnen im Anschluss daran eine ausführliche Kritik zukommen lassen.
Ich bedanke mich für die schnelle und unkomplizierte Bearbeitung meiner Anfrage und verbleibe

mit den besten Grüßen
Roger Nowitzki

* * *

Betreff: Fremdeln
Datum: 14.11.2012, 07:55:34
Sehr witzig, Herr Nowitzki! Nur noch einmal müssen wir ohne einander aufwachen. Doch Du bist so still heute. Fremdelst Du? Hast Du schon in Deinen Briefkasten im Büro geschaut? Anna

Betreff: Hochzeitstag
Datum: 14.11.2012, 09:32:38
Meine Liebste,
unser Faden wird geknüpft, übermorgen verknotet und sturmsicher gemacht. Ist es nicht ein Wunder, dass wir uns überhaupt sehen, dass Du es möglich machst, dass wir seit

Monaten aneinander denken? Wir sind verbunden, durch etwas Stärkeres als einen Faden. Hier wird nicht gefremdelt!
Ich konnte nicht so schnell reagieren. Ich habe Dein Geschenk aus dem Briefkasten gefischt. Du hast Dir so viel Mühe gemacht, unsere virtuelle Mail-Sammlung zu anfassbarer Materie werden zu lassen. Der Einband gefällt mir auch. Ich danke Dir für dieses Erinnerungsstück. Ich habe es in meinem Schreibtisch versteckt. Aber ich konnte mich Dir nicht gebührend widmen, weil heute mein Hochzeitstag ist. Ich musste zu meiner Frau.

✉ **Betreff: Re: Hochzeitstag**
Datum: 14.11.2012, 09:34:05
Nein! Sag, dass das nicht war ist, ich bin schockiert, mir stockt der Atem nach diesem Schlag in die Magengrube. Ich konnte nicht ahnen, dass unsere Liebes-Mail-Sammlung an Deinem Hochzeitstag bei Dir ankommt. Mir ist schlecht.

✉ **Betreff: Fremdeln 2**
Datum: 14.11.2012, 19:12:06
Anna, fremdelst Du heute etwa gefühlt auch? Du bist so still. Mir sind beim SMS schreiben gestern Nacht fast die Pferde durchgegangen. Es fängt immer so harmlos an und dann explodiere ich fast? Dir geht es genauso, oder? Jetzt kühle ich herunter, denn von dieser Erregung, die nur Du bei mir so auslösen kannst, abgesehen, freue ich mich von ganzem Herzen darauf, Dich zu sehen und Zeit mit Dir zu verbringen. Das wollte ich Dir schnell in den Filmschnitt schicken, meine Geliebte!

✉ **Betreff: noch ein Mal schlafen**
Datum: 14.11.2012, 23:11:00
Ich freu mich auf morgen. Die Glückshormone werden meine kleine Erkältung wegpusten! Aber ich will Dir be-

richten, dass es mir neben all der Freude auf unsere besonderen Verabredungen, oft nicht gut geht.
Ich finde es herabwürdigend, dass ich mich, obwohl wir uns nicht einmal in Deiner Heimatstadt treffen, verstecken muss wie Deine ganz private Escort-Service-Frau. Ich habe eine Wahl: ich könnte es lassen. Aber so einfach ist das nicht, weil so viele Gefühle im Spiel sind. Wären sie es nicht, würde ich nicht nach Berlin reisen.
Ich bin froh darüber, dass ich nach unserer gemeinsamen Nacht gleich am Morgen zur Arbeit nach Leipzig fahren muss. So bleibt mir die herabwürdigende Situation erspart, in der ich wie eine Professionelle, die man nicht zeigt und zu der Mann nicht steht, aus Deinem Zimmer schleichen muss, damit Dein Kollege Oliver mich nicht sieht.

Betreff: Re: noch ein Mal schlafen ✉
Datum: 14.11.2012, 23:16:01
Anna, mir tut es sehr leid. Aber Oliver kennt meine Frau, ich will ihm das nicht zumuten. Er müsste sie auch anlügen, genau wie ich. Gute Nacht, mein Herz! Ich kann Dich schon fast spüren. Ich träume von Dir und gleich wird mein Traum wahr.

* * *

Betreff: noch 8 Stunden ✉
Datum: 15.11.2012, 07:15:00
Ich fahre jetzt los. Blauer Himmel über Berlin, sagt der Wetterbericht. Dazu Schnupfen im linken Nasenloch.

Betreff: Re: noch 8 Stunden ✉
Datum: 15.11.2012, 07:56:56
Ich fahre jetzt zum Flieger, denke nur noch an Dich!

// 6. Kapitel – Schöne Aussichten //

✉ **Betreff: Der Wasserkocher**
Datum: 17.11.2012, 15:00:30

Anna, ich muss Dir etwas erzählen. Ich habe etwas erlebt, was Du sonst nur im Kino sehen kannst, mit der Frau aus Leipzig, Du weißt schon, wen ich meine. Wir haben uns in Berlin in einem Hotel getroffen. Wir hatten uns drei Wochen lang nicht gesehen. Wir fielen übereinander her, noch bevor wir uns Hallo sagen konnten.

Ich war mit meinem Kollegen Oliver auf einer Dienstreise in der Hauptstadt. Unseren Termin hatten wir hinter uns. Um Anna sehen zu können, gab ich vor Kopfschmerzen zu haben. Ich legte mich also am Nachmittag zur Ruhe, das dachte zumindest Oliver. Ich versprach, ihn um siebzehn Uhr anzurufen, um zu besprechen, ob mir meine Kopfschmerzen einen gemeinsamen Abend erlauben würden oder nicht. Ich war in der Zwickmühle, ich wollte Anna, aber Oliver konnte ich auch nicht enttäuschen. Kurzum, Anna und ich hatten einen berauschenden Nachmittag miteinander, bis es um zehn nach fünf an der Zimmertür klopfte.

Anna saß gerade auf mir. Ich durfte sie verliebt anschauen, ihre Hüften packen, sie im nächsten Moment zärtlich an mich ziehen und in den Arm nehmen, sie küssen, wieder loslassen, um ihr Gesicht zu betrachten. Ihr Haar war nicht lang genug, um ihre wundervollen Brüste zu bedecken. Ich

durfte sie berühren, als würden sie allein mir gehören.
Es war himmlisch und es klopfte. Wir beide erstarrten. Wer sollte mich in einer fremden Stadt in meinem Hotelzimmer besuchen? Wir sahen uns an, ich war schockiert, panisch, Anna war neugierig. Es klopfte erneut. Sollte es Oliver sein, der meinen versprochenen Anruf vermisste und sich Sorgen machte? „Kein Mann sorgt sich so um einen anderen Mann", flüsterte Anna. Das konnte also nicht sein.
Es klopfte ausdauernd, dann ging die Tür auf. Anna saß noch immer nackt auf mir. Schnell hatte sie sich die Bettdecke über die Schultern gezogen. Eine Frau kam herein, Hotelpersonal mit unsicheren Schritten. „Hatten Sie einen Wasserkocher bestellt?"

Betreff: Re: Der Wasserkocher
Datum: 17.11.2012, 15:56:12
Mein Geliebter,
das ist in der Tat eine filmreife Geschichte, die wir da zusammen erlebt haben. Genauso filmreif wie unsere Begegnung auf der Straße, kurz vor Eurem Verlagstermin. Wie schafft man es, sich in solch einer großen Stadt, in der Millionen Menschen unterwegs sind, zu begegnen? Oliver ging neben Dir, ich kam Euch entgegen und ich durfte Dich nicht kennen, Dich nicht umarmen, musste an Dir vorbeigehen, als wärest Du ein Fremder. Das tat weh.
Und unser Lügenschauspiel für Oliver im Restaurant sitzt mir ebenso in den Knochen. Neben ihm und Dir gegenüber zu sitzen und zu plaudern, fiel mir zwar leicht, aber die Tatsache, dass ich als eine entfernte Kollegin von Dir dort saß, war und ist nicht zu ertragen. Das war mir gegenüber schäbig von Dir. Meinst Du nicht, dass Oliver den Braten ohnehin gerochen hat? Er ist zwar ein Mann, aber …
Und dann der Portier im Hotel. Er wollte mich nicht zu Dir hinauf aufs Zimmer lassen. Ich hätte eine Diebin, eine Ter-

roristin oder gar eine Prostituierte sein können. Ich musste mich rechtfertigen, ihm sagen, dass ich zu meinem Freund auf das Zimmer 610 möchte, dann hat er sogar bei Dir angerufen, ob es denn recht sei, dass eine Anna Fröhlich zu Roger Nowitzki nach oben kommen darf. Unglaublich mies fühlte ich mich, als er mich mit seiner Zugangskarte an den gläsernen Fahrstuhl brachte und für mich die 6 drückte.
Der Taucher, der kurz drauf direkt vor unserem Zimmerfenster die Glaswand des Aquariums putzte, konnte mich auch nicht mit der Situation versöhnen. Du hattest die Vorhänge beiseite geschoben und da war er, direkt auf Augenhöhe mit uns. Er kam angeschwommen, wie bestellt. Ist schon verrückt und sehr extravagant, was die Hotelkette sich da hat einfallen lassen. Ein Aquarium in Röhrenform so hoch wie das ganze Hotel, umbaut mit den Zimmeretagen. Von jedem Zimmer aus, dessen Glaswand ins Innere des Hotels zeigt, kann man den Fischen in die Augen schauen. Aber für die schöne Aussicht und die beruhigenden Bewegungsabläufe der Fische hatten wir wenig Sinn. Wir wollten nur uns. An Schlaf war nicht zu denken, dank des surrenden Geräusches der Klimaanlage und der Pumpe für die Fische hätte ich ohnehin kein Auge zubekommen.
Nun bin ich noch ganz warm von Dir, ich spüre Deine Haut, Deine Hände, rieche Dich. Es war so wunderschön wie steigerbar. Nun denke ich wieder an Dich, habe die nächsten Tage bis zu unserem Wiedersehen mit Arbeit verplant, damit sie schneller vorbeigehen. Das Schicksal will uns ärgern, foltern, anfüttern, wieder auseinanderreißen. Warum? Anna

✉ **Betreff: Familienwochenende**
Datum: 17.11.2012, 16:03:11
Ich bin wieder zu Hause bei meiner Familie. In Gedanken bei Dir.

Betreff: Re: Familienwochenende ✉
Datum: 17.11.2012, 16:08:55
Mein Lieber,
ich bin krank. Meine Erkältung hat sich nur für unseren Tag und eine Nacht mit Dir in Berlin eine Auszeit genommen, damit ich voll für Dich da sein konnte. Jetzt kommt sie mit Verstärkung zurück.
Wie geht es Dir? Ich befürchte, Du hast meine Krankheit übernommen, eine ganz persönliche Erinnerung an mich. Außerdem habe ich Muskelkater in den Oberarmen, im Rücken und an den Oberschenkeln. Ansonsten bin ich wie jedes Mal, trotz der schönen Aussicht auf unser nächstes Treffen, sehr traurig. Ich fühle mich so von Dir abgerissen, weggerissen. Und ich befürchte, dass es immer schlimmer wird, trotz all der Schönheit, die wir erleben dürfen, jedes Mal mehr. Wie fühlst Du Dich?
Ich denke an Dich, erinnere mich an jede Sekunde, wärme mich an der Erinnerung daran, wie an Deinen alten E-Mails.

Betreff: Anruf ✉
Datum: 17.11.2012, 16:34:14
Dein Anruf eben machte mich nicht fröhlicher, Roger. Ich will, ich will, ich will Dich. Aber ich weiß nicht, wie lange ich unser Experiment noch durchhalte. Ich habe das Gefühl, wir schwimmen mit verbundenen Augen in unserem Versuchsbecken herum. Du bist so kalt. Weil Samstag ist? Anna

Betreff: Re: Anruf ✉
Datum: 17.11.2012, 16:36:12
Wenn ich heute auftaue, breche ich zusammen.

* * *

Betreff: Eisblumen im Mailkörbchen ✉
Datum: 19.11.2012, 10:00:13

Geliebter Eisblock,
selbst wenn Du versuchst, mich schockzufrosten, kann ich mich dennoch an Dir wärmen. Meine heißen Tränen verdampfen auf Deiner Schneekruste. Das Kondensat rieselt als warmer Regen herab.
Ich weiß nicht, wie ich mich verhalten soll, wenn Du auf minus drei Grad bist. Muss ich auch herunterkühlen? Wochenend-Eisbecher mit Dir essen?
Willkommen in der neuen Woche!

✉ **Betreff: Re: Eisblumen im Mailkörbchen**
Datum: 19.11.2012, 10:03:53
Meine liebe, feinfühlige Anna,
ich muss die Eindrücke von letzter Woche erst verarbeiten. Unsere Begegnung im novembergrauen Berlin, die wunderbare Intimität, die uns sofort verbindet, die Gefühle, das Verliebtsein, die Nähe, aber auch die Umstände. Wir sehen uns auf der Straße, laufen aneinander vorbei, Du brauchst die Erlaubnis des Hotelportiers, um zu mir aufs Zimmer zu gelangen. Der Wasserkocher, der Abend mit Oliver, die Schönheit der Stunden danach, der Abschied, unser Alltag, eben alles. An einem Sonntag mit Familie kann ich diesen Gedanken nicht nachgehen. Jetzt muss ich arbeiten, bin aber nicht zu Hause, sondern im Büro. Der Abstand hilft.
Meine Nase läuft nun auch, es sind Deine Viren, ich behandele sie sehr liebevoll.

✉ **Betreff: filmreif**
Datum: 19.11.2012, 11:08:44
Ich habe Angst und ich bin überwältigt zugleich, weil zwischen uns alles so traumhaft ist. Ich glaube nicht an so etwas, aber um es pathetisch zu sagen: Sind wir für einander vorgesehen? Oder habe ich zu viele Filme gesehen?
Ich finde es äußerst bezeichnend, dass uns immer so absonderliche und wunderbare Spielfilm-Situationen wie

die mit dem Wasserkocher passieren. Es ist verrückt! Ich kann darüber lachen. Aber heute verspüre ich Eiswind aus Bonn. Ich kann nicht arbeiten, mich nicht konzentrieren. Ich hätte nicht gedacht, dass Du nach unserem Treffen so nachdenklich wirst. Liegt es daran, dass Du danach direkt ins Familienwochenende geflogen bist? Das Kontrastprogramm?
Ich kann und will nicht ohne Nowitzki.
Das wäre ein Verbrechen, ein Selbstbetrug.

Betreff: Re: filmreif ✉
Datum: 19.11.2012, 11:11:00
Ja, das liegt auch am Kontrastprogramm, das ist schon ziemlich hart. Es ist aber auch das Versteckspiel, die Lügen, die damit verbunden sind. Dich verstecken zu müssen ist absurd, im Kopf alles immer zu sortieren ist kompliziert und anstrengend.

Betreff: Aw: filmreif ✉
Datum: 19.11.2012, 11:12:13
Du machst mich so traurig. Alles schwimmt weg. Ich fühle mich allein und klein.

Betreff: Re: filmreif ✉
Datum: 19.11.2012, 11:16:44
Ich lasse Dich nicht allein, niemals! Aber jetzt muss ich arbeiten.

Betreff: Gutenachtgeschichte: „Herr Nowitzki, Du und ich", Teil 1 ✉
Datum: 19.11.2012, 21:56:14
Ich muss gestehen, Du bist klar im Vorteil: Du kennst den Nowitzki schon satte dreiundvierzig Jahre. Du warst von Anfang an dabei. Ich kenne ihn erst seit fünf Monaten, habe aber das Gefühl, ich bin genau solange bei ihm wie Du. Da staunst Du was?

Ich bin verliebt in ihn, schon lange. Vielleicht liebe ich ihn sogar, aber wenn ich nicht so verliebt wäre, würde ich für Dich kein einziges müdes Lächeln übrig haben. Du wärest Luft für mich.
Du hingegen wolltest von Anfang an in meinen Schoß. Ja, ich weiß das! Zunächst musste ich Dich ein wenig ausbremsen, musste erst schauen, wie und wer Du bist. Du durftest in Kassel sofort Freundschaft mit meinen Lippen und mit meiner Zunge schließen. Ich glaube, das war eine tolle Begrüßung für Dich. Damit hast Du nicht gerechnet, oder? Du scheinst, genau wie der Herr Nowitzki, sehr beeindruckt von mir zu sein. Du und ich, wir sind ein gutes Team. Mit Dir zusammen kann ich den Mann fernsteuern. Wir zwei haben uns ein wenig gegen sein Gehirn verschworen, nicht wahr? Die Fernsteuerung reicht zwar nur einen guten halben Meter weit, von Dir bis in seinen Kopf, aber immerhin. Ich liebe es, ihn mit Dir zusammen zur Explosion zu treiben. Das macht mir so viel Spaß, weil ich das Gefühl habe, er wäre mir ausgeliefert und ich muss einfach nur ein wenig lenken, ganz sachte. Es ist ein Kinderspiel für mich! Ob er so etwas schon einmal erlebt hat? Ob er es wiederhaben will? Ich könnte es stundenlang und immer wieder tun. Du bekommst dabei meine sanften Lippen, meine streichelnden Hände, meine ganz zart kratzenden Fingernägel auf Deiner Haut zu spüren, manchmal streiche ich mit meiner Brust über Dich hinweg, dann freust Du Dich besonders. Ich kümmere mich gern um Dich, mit Hingabe! Nie tue ich Dir weh. Ich bin immer ganz vorsichtig und ganz für Dich da.

✉ **Betreff: Re: Gutenachtgeschichte: „Herr Nowitzki, Du und ich“, Teil 1**
Datum: 19.11.2012, 23:30:10
Anna, Du Biest! Mein Freund hat sich sehr über Deine Post gefreut und ich auch. Wie sollen wir jetzt einschlafen?

* * *

Betreff: Sonne
Datum: 20.11.2012, 08:54:15
Guten Morgen, Liebe!
Hier scheint heute die Sonne, meine Stimmung hellt sich auf. Du bereitest Dich heute ganz entspannt auf die Moderation vor, richtig?
Wenn ich an uns in Berlin denke, denke ich auch daran, wie Du, noch bevor wir zum Italiener zum Essen gegangen sind, die Innenseiten meiner Oberarme gestreichelt hast, die Achselhöhlen, mit den Fingernägeln über die Haut gestrichen bist, meinen Hals gestreichelt hast. Das hat mir Stromstöße durch den Körper gejagt, mich verzaubert. Es fällt mir schwer, Dich jetzt allein zu lassen, aber Oliver wartet.

Betreff: Re: Sonne
Datum: 20.11.2012, 10:52:12
Wenn ich an uns in Berlin denke, denke ich an unser Fisch-Hotel, an die verrückte Situation des Treffens. An die vielen Menschen auf den Straßen und dass wir, wegen Oliver, nicht die Gelegenheit genutzt haben, dort zusammen umherzuwandern, Hand in Hand, so wie in Kassel, ohne Versteckspiele. Das war mein schönster und perfektester Tag seit zwanzig Jahren. Du hast mich nur zwei Mal losgelassen, zum Telefonieren.
Ich denke viel nach und was jetzt kommt, klingt nicht vorwurfsvoll oder aggressiv, ich bin ganz zahm und weich: Dass es jedes Mal intensiver und schöner wird zwischen uns, wussten wir vorher. Dass wir uns immer wieder trennen müssen, ebenso. Eigentlich müssen wir das nicht, aber wir machen es so, weil Du es so willst. Und ich mache immer noch mit, weil ich nicht anders kann. Daran hat sich nichts geändert.

Du bemängelst, dass wir „danach“ einfach so wieder unserer Wege gehen. Was bleibt uns anderes übrig? Wenn es nach mir ginge, würde ich jeden Morgen neben Dir aufwachen.
Ich war noch nie die verborgene „Reisende Geliebte“. So sehr wie es immer schöner wird zwischen uns, sosehr wird es auch immer schmerzhafter, bis wir nicht mehr können, oder ich Dir die richtigen Fragen stelle, oder bis unser Chemiebaukasten komplett in die Luft fliegt. Doch bis dahin ist es noch weit, sehr weit.
Ich muss jetzt eine Schreibpause machen. Herr Kleemann holt mich ab. Ich unterstütze ihn beim Einrichten seiner Wohnung.

* * *

✉ **Betreff: Nichts Schöneres!**
Datum: 21.11.2012, 09:32:22
Anna, ich genieße wirklich jede Berührung von Dir und ich liebe es, Dich zu berühren. Dein Gesicht zu streicheln, besonders wenn Deine Wangen heiß sind, Deinen Hals zu küssen, auch wenn das für Dich schmerzhaft sein kann, Dich anzusehen, immer wieder zu staunen, wie samtweich Deine Haut ist, wie perfekt Deine Brüste. Ich weiß genau, wie schön es ist, sie zu küssen, mit der Zunge zu umkreisen, daran sanft zu saugen und während ich daran denke, macht es mich sehr verträumt.
Besonders genieße ich es, mit meiner Zunge über Deinen Bauch nach unten zu wandern. Immer wieder streicht dabei meine Nase über Deine Haut, so kann ich noch mehr von Deinem Duft aufnehmen. Meine Zunge umspielt Deinen Bauchnabel, fährt den Rand Deines Slips hinab, dabei streicheln meine Hände die Innenseiten Deiner Oberschenkel. Ich werde verrückt, immer, wenn ich das mache und jetzt, wenn ich daran denke, wie ich meine Lippen vorsichtig auf den schwarzen Stoff presse, durch ihn atme.

Es ist so schön, dann kleine Küsse zu verteilen, ganz züchtig auf den Stoff. Es passiert nichts, es sind doch nur ganz unschuldige Küsschen. Du hast die Augen geschlossen, atmest, mein Mund will mehr, will schmecken, will leidenschaftlich küssen. Aber erst noch diese so zarte Haut an den Innenseiten liebkosen, ich bin ganz vorsichtig. Aber sobald ich einatme, will ich mehr, ich kann nichts dagegen tun, das ist Chemie. Mein Kopf hat Pause, mein Körper regiert, mein Mund regiert. Ich bin froh, dass meine Hände es noch schaffen, Dich vom letzten Stück Stoff zu befreien. Dann, endlich kann ich Dich dort küssen. Zärtlich, so als würde ich Dein Gesicht mit meinen Lippen bedecken, Deine Augenbrauen, Deine Augenlider, Deinen Mund.
Es ist feucht, meine Zunge spielt, mein Mund saugt, ich möchte nie wieder woanders sein, will eintauchen, Dich im wahrsten Sinne des Wortes vernaschen, Dich glücklich machen, Dir meine Leidenschaft für Dich schenken. Du bewegst Dich, atmest schneller, es gefällt Dir. Dein Stöhnen wird zu einem Gesang in meinen Ohren, es ist mein Lohn, es spornt mich an, ich vergesse Zeit und Raum, ich vergesse mich, bin nur noch Mund, Nase und Zunge. Ich liebe es, wenn Du kommst, wenn Dein Körper bebt, sich aufbäumt, Deine Hände schützen, was ich eben noch küssen durfte. Ich will Dich halten, Deine Haut auf meiner Spüren, Deinen Atem an meinem Hals.
Jetzt habe ich gar keine Lust, über das Komplizierte an unserem „Experiment" nachzudenken. Es gibt dabei so viel Schönes!

Betreff: Re: Nichts Schöneres
Datum: 21.11.2012, 12:55:56
Du Biest! Na warte, Dein Gutenachtkuss kommt bestimmt!

Betreff: Gutenachtgeschichte: „Herr Nowitzki, Du und ich", Teil 2
Datum: 21.11.2012, 23:22:00

Weißt Du, mein Schöner, ich finde, Du bist vom Schicksal geschlagen, denn Du bist blind auf die Welt gekommen! Deshalb verirrst Du Dich gelegentlich. Aber das Schlimmste ist: Du kannst mich nie sehen. Du siehst nie meinen Mund, kurz bevor er Dich küsst. Du siehst nicht, dass ich meine Augen immer geschlossen halte, wenn ich mich um Dich kümmere. Das mache ich nicht, weil Du etwa hässlich bist, nein. Ich mache es, damit ich Dich genießen und mich voll und ganz nur auf Dich konzentrieren kann. Selbst den Nowitzki würdige ich dabei keines Blickes. Deshalb kann ich leider nie sehen, wie sein Gesicht aussieht, wenn ich ganz bei Dir bin und wir beide etwas aushecken für oder gegen ihn. Ich denke, das hat die Natur bewusst so eingerichtet, dass Du keine Augen hast, meine ich. Wozu auch! Schließlich fristest Du fast Dein gesamtes Dasein im Dunkeln hinter Stoffgardinen.

Manchmal, wenn sich meine Zunge kurz von Dir wegschleicht, habe ich das Gefühl, Du willst mit. Du reckst Dich ein wenig nach mir und stupst dabei an meine Wange. Du bist schwer, musste ich feststellen. Du klopfst ganz sachte an mein Ohr. Sehr anhänglich finde ich das, nahezu liebevoll. Du weißt doch genau, dass ich gleich zurückkomme, ich muss zwischendurch nur mal ein paar Härchen auf dem Bauch von Herrn Nowitzki zählen. Er soll kurz verschnaufen dürfen. Er stöhnt von Herzen. Ich liebe es.

Ich habe ein Geschenk für Dich. Damit auch Du Blinder bemerkst, dass bald Weihnachten ist. Das bekommst Du aber erst kurz vor dem Fest. Du musst es auch gar nicht ansehen, nur fühlen. Du wirst Dir wünschen, für immer im Dunkeln zu bleiben. Sei froh, dass Du ein Maulwurf bist!

* * *

✉ **Betreff: Re: Gutenachtgeschichte: „Herr Nowitzki, Du und ich“, Teil 2**
Datum: 22.11.2012, 00:03:56

Der Maulwurf ist sehr neugierig geworden. Er ist gespannt auf die Überraschung, kann sich kaum beherrschen. Du weißt ja, wie er auf Dich reagiert. Ich küsse Dich. Schlaf gut.

Betreff: Maulwurf
Datum: 22.11.2012, 09:23:57
Mein Angebeteter,
ich finde, wir sollten uns wieder auf uns konzentrieren. Der Maulwurf darf nicht zu sehr in den Vordergrund rücken. Er nimmt sich sonst zu wichtig.

Betreff: Re: Maulwurf
Datum: 22.11.2012, 09:53:44
War meine Antwort zu schlüpfrig? Sie entstand unmittelbar beim Lesen, aus meiner Empfindung heraus. Ich bin eigentlich nicht so zweckorientiert. Um es akademisch auszudrücken: Meine große Lust auf Dich ist das Resultat meiner Gefühle für Dich. Und die will ich Dir gleich am Telefon schildern, bevor Oliver ins Büro kommt.

* * *

Betreff: Drei Millionen
Datum: 23.11.2012, 09:22:55
Wusstest Du schon, dass es deutschlandweit drei Millionen Geliebte gibt? Die Zahl habe ich gestern im Fernsehen aufgeschnappt. Zwei Geliebte erzählten in einer Reportage, wie es für sie ist, die Frau im Schatten zu sein. Sehr unterschiedlich, unglaubliche Geschichten! Leider sind die Männer nicht zu Wort gekommen. Mich hätte die Sichtweise der Herren interessiert. Aber sie haben sich versteckt, wie zu erwarten war!
Anna

Betreff: Re: Drei Millionen
Datum: 23.11.2012, 09:34:05

Ich kenne diese Zahl, denn ich habe den Film auch gesehen. Das Thema hat mich interessiert, warum nur? Was bei beiden gleich war, war der Rausch, den sie beschrieben. Das kommt mir auch sehr bekannt vor. Aber auch der Schmerz, die Einsamkeit, die Verletzungen. Wie hast Du den Film erlebt? Welche der zwei Geschichten ist Dir näher? Und warum? Wie wird es bei uns sein? Wie ist es Deiner Meinung nach bei uns? Ich will Dich nicht verletzen. Ich will niemandem wehtun.

✉ **Betreff: Schattenfreundin**
Datum: 23.11.2012, 09:44:11
Hast Du den Film zusammen mit Deiner Frau gesehen? Eine amüsante Vorstellung für mich! Ich will mich eigentlich nicht äußern. Ich mache auch keine Prognosen. Und wie es ist zwischen uns, siehst Du selbst. Ich denke, neben diesen beiden Geschichten gibt es noch viele andere mögliche Ausgänge. Doch warum haben die Männer ein Doppelleben geführt? Weil es so schön „warm und trocken" ist zu Hause, wegen der gewaschenen Socken, dem Zimmerservice?
Deine Schattenfreundin

✉ **Betreff: Re: Schattenfreundin**
Datum: 23.11.2012, 12:47:14
Ich habe den Film allein geschaut, ohne meine Frau. Warum macht Mann das? Auch da gibt es sicher viele Antworten. Vielleicht wären die Männer ohne diese Konstellation mit keiner der Frauen mehr zusammen. Vielleicht hätten die Geliebten sie nie den ganzen Tag ertragen, vielleicht wäre den Ehefrauen die schlechte Laune ihrer Männer auf die Nerven gegangen.
Zwischen uns ist es, als würden wir sehenden Auges auf eine Wand zurasen, wir wollen aber nicht bremsen, weil die Fahrt so viel Spaß macht. Da haben wir uns was eingebrockt, meine liebe Anna.
Habe ich Dich jetzt nachdenklich gemacht?

Betreff: Wunder ✉
Datum: 23.11.2012, 13:12:55
Ich denke schon lange nach und ich weiß, warum Männer Doppelleben führen. Der Grund ist banal: Sie lieben die Gewohnheit und sie sind bequem. Sie verwechseln Liebe mit Verantwortungsgefühl und vergessen, dass sie nur ein einziges Leben haben. Piecks! Das gilt aber auch für Frauen, die lieber betrügen als sich trennen.
In unserem Fall spekuliere ich auf ein Wunder. Das könnte eine Überraschung für Dich sein: Der dicke Müller von nebenan, den Deine Frau schon lange insgeheim liebt, könnte die Lösung sein, oder Du pfeifst auf „warm und trocken" und gewaschene Socken und suchst Dir eine Jüngere „U 25" oder Du liebst mich abgöttisch und zeigst mir irgendwann Deine Stadt ohne Tarnmantel. Deinen Sohn schicken wir währenddessen zum Basketball. Er würde sich mit uns langweilen, er kennt Bonn. Aber wahrscheinlich spielt er dann bereits in der Seniorenmannschaft.

Betreff: Re: Wunder ✉
Datum: 23.11.2012, 13:15:51
Ja, am Ende ist es die „U-25-Lady". Das ist eigentlich mein Ding. Disco, Funsportarten, Chillen.
Ach, Anna, ich schnüffle lieber an Deinem parfümierten Tuch, das Du mir in Berlin geschenkt hast, und denke dabei an Dich.

Betreff: Schnüffeln? ✉
Datum: 23.11.2012, 13:17:23
Du lügst! Du schnüffelst nicht. Du willst nur nett sein!

Betreff: Re: Schnüffeln? ✉
Datum: 23.11.2012, 13:19:45
Ich will nicht nett sein, ich bin verliebt. Und meine Nase steckte gerade ganz tief in Deinem Tuch. Ich muss vorm Wochenende noch einmal kräftig inhalieren. Nehme eine

Nase voll Duft mit nach Hause.
Ich küsse Dich!

* * *

✉ **Betreff: Schöne Aussichten**
Datum: 26.11.2012, 10:28:10

Weißt Du eigentlich, dass bald sehr viel Schönes auf uns zukommt?

Wir sehen uns in vierzehn Tagen auf dem blauen Bürosofa zum Nachmittagstee in Bonn. Ich wünsche mir dazu Plätzchen mit Walnüssen. Am nächsten Tag in Köln machen wir das, was wir am besten können: Du holst mich von meinem Zweitwohnsitz im Hotel ab und wir gehen wandern. Merkst Du, wann ich lüge? Danach werden wir uns stundenlang das Leben schön machen und dabei Schokolade essen. Ich hoffe, Du hast Dir eine tolle Abwesenheitsgeschichte für Deine Frau einfallen lassen, damit wir zusammen aufwachen können. Sogar Frühstück gibt es für uns, zum ersten Mal gemeinsam. Und danach machen wir weiter, bis uns ein Wasserkocher aufs Zimmer gebracht wird. Du fährst anschließend ins Büro und ich leite den kalten Entzug ein.

Zwischen unseren Treffen in Köln und dem nächsten in Leipzig klafft eine Lücke von zehn Tagen! Das ist zu viel. Ich schlage dazwischen noch einen Spaziertag in Kassel vor.

Danach treffen wir uns kurz vor Weihnachten bei mir in Leipzig, bevor Du zu Deinen Geschwistern nach Dresden weiterreist. In meiner Heimat müssen wir uns nicht verstecken. Ich zeige Dir Leipzig, meine Kneipen, mein Reich, meine Freunde. Und der Maulwurf bekommt sein Geschenk. Vielleicht schaust Du auf dem Rückweg nach Deinem Familientreffen noch einmal bei mir vorbei. Besser geht's nicht, oder? Schöne Aussichten!

Betreff: Re: Schöne Aussichten
Datum: 26.11.2012, 17:33:00
Wunderbare Aussichten! Leipzig wird traumhaft, wir können uns frei bewegen. Zwischen Köln und Leipzig kriegen wir bestimmt auch einen Trip nach Kassel hin. Ich persönlich liebe Kassel, der Kultur wegen und weil ich dort einen so wunderbaren Tag mit Dir verbracht habe. Nur unsere Nacht in Köln, das wird nichts. Ich wäre nicht ganz bei Dir, nicht bei uns. Es würde sich nicht richtig anfühlen. Ich sehe das Gesicht meiner Frau, wenn sie erfährt, dass ich vor unserer Haustür im wahrsten Sinne des Wortes mit einer anderen Frau „Liebe mache". Ich sehe den Schmerz und die Wut im Gesicht meines Sohnes, weil ich seine Familie damit zerstöre. Das beschäftigt mich immer, aber wenn wir uns hier bei mir treffen, ist diese Sorge riesengroß, auch wenn Köln 30 km von Bonn entfernt liegt.
Ansonsten wird jede Minute schön, intensiv, zärtlich, leidenschaftlich und witzig.

* * *

Betreff: Heimschläfer
Datum: 27.11.2012, 14:22:22
Ich versuche mir eine Hornhaut auf mein Herz wachsen zu lassen. Köln ist dreißig Kilometer von Deinem Zuhause in Bonn entfernt. Hast Du tagsüber ein weniger schlechtes Gewissen, wenn Du mit mir schläfst als nachts? Wo ist der Unterschied? Warum bist Du ein Heimschläfer?
Ich schätze, Du brauchst einen Mindestabstand von zweihundertundfünfzig Kilometern zum trauten Heim, um entspannt zu sein und zu vergessen, dass es nicht nur uns beide gibt. Das muss ich wohl hinnehmen. Ich kann selbst entscheiden, ob ich das mitmache oder nicht. Dieses letzte Mal mache ich es. Danach werde ich nicht mehr zu Dir reisen. Die Vorstellung, am Abend allein im Hotel liegen

gelassen zu werden, Dich zum Familienabendessen ziehen zu lassen, damit Du Deine Füße wohlbehalten unterm heimischen Küchentisch ausstrecken kannst, ertrage ich nicht ein zweites Mal.

✉ **Betreff: Re: Heimschläfer**
Datum: 27.11.2012, 14:56:58
Ich weiß, dass ich Dich damit verletzt habe. Aber ich stecke meine Füße nicht schnell wieder unter irgendeinen Küchentisch. Du unterstellst mir Angst. Die habe ich nicht.

* * *

✉ **Betreff: Vorsehung**
Datum: 28.11.2012, 11:00:56
Ich will Dir von meinen hellseherischen Fähigkeiten berichten, die mit Dir zu tun haben. Heute bin ich so überschäumend von Gefühlen für Dich, ich möchte alles herausschreien, der Welt sagen, was sie nicht interessiert: Ich bin verliebt. Ich brenne für einen Mann, für Roger Nowitzki. Ich will ihn. Jetzt sofort mit Haut und Haar, hier und jetzt, nur für zehn Sekunden, aber ich muss mich zusammenreißen, mich zügeln, mir meine Gedanken verbieten. Mir schießen die Tränen in die Augen, aber sie kommen nicht heraus. Ich verschlucke sie, das erzeugt ein kleines quietschendes Geräusch in meinem Hals, vor lauter Liebe und Sehnsucht. Manchmal glaube ich, ich bin nicht mehr Herr meiner Sinne, ich träume, ich atme, ich liebe so schmerzvoll, gegen die Wand.
Im Juli hatte ich den Traum mit dem Kuss bereits hinter mir. Du warst im Familienurlaub. Vor mir lagen knapp drei Wochen ohne ein Lebenszeichen von Dir. Ohne Hoffen und Bangen, ohne die Gedanken, ob wohl heute eine E-Mail kommt von Dir. Du hattest Dich abgemeldet. Ich musste nicht hoffen. Ich konnte damit aufhören und mein Hoffen auf ein Zeichen nach Deiner Rückkehr vertagen.

Aber ich habe jede Sekunde im Kopf mit Dir verbracht. Mein Herz habe ich Dir hinterhergeschickt. Du hattest mir verraten, wohin Eure Reise ging, nach Portugal. Nun, im Juli, es war am Vormittag, ich weiß es noch genau, denn nur vormittags brennt die Sonne auf mein Bett im Schlafzimmer. Dann wandert sie weiter, übers Haus bis ins Wohnzimmer. Ich lag quer auf dem Bett, nackt, morgens nach dem Duschen. Mein Mitbewohner, Herr Kleemann, war nicht da. Ich lag auf dem Rücken. Ich kann mir das leisten im Schlafzimmer, denn man kann dort nicht von außen durch die Fenster schauen. Dort blickt nur ein Lindenbaum in mein Zimmer. Ich liebe es, wenn die Sonne so warm meine Haut streichelt, es ist fast wie berührt werden. Ich lasse die Sonne zu mir, das fühlt sich großartig an.

Ich lag da und habe mir vorgestellt, dass Du bei mir bist. Ich habe an Deiner statt meine Brüste gestreichelt. Sie wurden auch sofort fest und haben sich nach Dir gesehnt. Meine rechte Hand übernahm die Rolle Deiner Lippen und Deiner Zunge. Die andere Hand führte ich an meine Lippen, das klingt albern, aber ich muss ja irgendetwas küssen, wenn Du nicht da bist. Also ich küsse meine eigene linke Hand ganz zärtlich und stelle mir vor, es wären Deine Lippen. Jedenfalls sah ich Dich ganz deutlich über mir, ich konnte Dich spüren, obwohl ich Dich bis dahin noch nie berührt hatte. Es fühlte sich echt an. Und in dem Moment wusste ich: Der wird mit Dir schlafen! Es wird passieren. Ja! Ich weiß es! Es wird genau so kommen! Es muss! Es wird! Ich weiß es genau!

Und so kam es. Und es hat all meine Erwartungen übertroffen.

Betreff: Re: Vorsehung
Datum: 28.11.2012, 11:59:45

Meine liebe Anna, Medium, wunderbare Frau,

für das, was Du schreibst, fehlen mir die Worte. Es berührt mich zutiefst. Mich durchströmt ein warmes Gefühl, ich schwebe, Du öffnest mein Herz, pikst hinein und es ist so schön, dass es fast weh tut.

Darüber hinaus weiß ich jetzt, wie hinreißend Du nackt aussiehst, wie mich Dein Anblick verzaubert. Ich weiß ganz genau, wie meine Lippen kribbeln, wenn sie auf Deine Haut treffen, wie meine Hände nicht genug von Dir bekommen können, wie sehr ich jedes Mal staune, wie zart und weich Deine Haut ist. Ich sehe Dich auf dem Bett, die Sonne taucht Dich in warmes Licht. Wäre ich ein Maler, würde ich Dich genauso malen. Ist das zu kitschig? Wenn es echt ist, nicht.

Ich habe eine Theorie zu Deinen hellseherischen Fähigkeiten. Vielleicht gibt es keine chronologische Zeit. Es passiert alles parallel, nur auf verschiedenen Ebenen. Als Du im Juli an mich dachtest, nahmst Du nichts vorweg, sondern stelltest eine Verbindung zu einer anderen Zeitebene her. Wir harmonieren so perfekt, weil wir uns schon Hunderte Male geliebt haben. Und auf dieser Ebene lieben werden. Es ist wahrscheinlich alles abgedrehter Mist, was ich hier schreibe.

* * *

✉ **Betreff: Premieren**
Datum: 29.11.2012, 14:56:12
Anna, ich kenne Dich noch nicht lange, aber ich habe schon einige Premieren mit Dir erlebt. Die Wichtigste: Zum ersten Mal verliebe ich mich in eine Brieffreundin. Ja, ich hab mich in Moritzburg in Dich verknallt, habe aber nicht daran gedacht, mich einmal so extrem nach Dir zu verzehren. Mit jeder SMS, jeder E-Mail, jedem Telefonat kamst Du mir näher und näher. Als wir uns in Kassel endlich trafen, war es schon passiert, mein Herz und mein Körper hatten das Kommando übernommen, ich musste Dich küssen, Dich anfassen, es war wie Magnetismus am Fuße des Herkules. Ich habe mich „verm@ilt“.

Du bist die erste Frau seit achtzehn Jahren, in die ich mich verliebe. Das letzte Mal ist so lange her, dass es jetzt auch wie beim ersten Mal ist. Zum ersten Mal reagiere ich so unmittelbar auf eine Frau, so stark, so immer wieder, oft den ganzen Tag oder die halbe Nacht. Zum ersten Mal hat mir eine Frau eine Schlagersüßtafel geschenkt, mir so die Oberarme gestreichelt, dass ich dahingeschmolzen bin, mir so viele, liebe, fantastische Nachrichten geschickt.
Jetzt muss ich schon los, mit Victor zum Basketballtraining. Ich rufe Dich danach an, und wenn Du nicht mit mir reden willst oder während des Fernsehdrehs das Handy ausschaltest, spreche ich Dir ein Hörspiel auf Deine Mailbox.

Betreff: Re: Premieren ✉
Datum: 29.11.12, 17:58:17
Vorab: Dein Hörspiel war Musik in meinen Ohren, ein gelungener „Tankstellen-Rapport!" – ein glitzerndes Feuerwerk der Bilder aus Bonn! Von der Dönerbude übers Junkie-Eck bis hin zur Billig-Tanke an der Hauptverkehrsader und danach zu Dir nach Hause. Ich war dabei! Danke!

Nun meine Premieren mit Dir: Ich habe mich noch nie in einen Mann verliebt, der verheiratet ist. Ich habe mich noch nie in einen verliebt, der nur 177 Zentimeter hoch ist. Ich war noch nie die „Reisende Geliebte". Noch nie hat mir ein Mann gleich beim ersten Versuch zu Höhenflügen verholfen. Ich rede nicht gerne über Gefühle. Bei Dir kann ich das. Ich habe auch noch nie jemandem richtig ins Gesicht gesagt, dass ich in ihn verliebt bin. Nur Dir habe ich es gesagt. Wir haben gerade eine Stunde telefoniert. Mit welchem Mann kann man so lange reden? Auch das ist eine Premiere für mich.
Mir hat noch kein Mann sein letztes Hemd geschickt, damit ich daran schnüffeln kann, ich hatte noch nie einen Mann mit Glatze im Arm. Ich liebe es, Deinen Kopf zu

streicheln. Es fühlt sich großartig an! Das wusste ich nicht. Und noch eine Premiere: Es hat sich noch keiner nach einem klitzekleinen Orgasmus so vor Lachen ausgeschüttet wie Du.
Nun träume ich vom blauen Bürosofa in Bonn, vom Hotel in Köln, von Dir, Dich zu umarmen und züchtig Tee zu trinken, Deine Arme und Deine Brust zu streicheln und zu küssen. Ich kann Dich fast riechen, es wird mir ein Vergnügen sein, mit Dir zu schlafen, Dich anzuatmen, Dir ins Ohr zu flüstern, was ich fühle für Dich. Ich bin Dir verfallen, hingerissen. Ich bin voll. Voll Liebe. Gefühl, Verlangen, Bangen, Freuen, Erwarten, Träumen, die Grenze zwischen Sex und Liebe verschwimmt. Ich mische beides zusammen, das ist das Größte, was ich fühlen kann!
Schlaf gut, mein Geliebter

✉ **Betreff: Verm@ilt**
Datum: 29.11.2012, 18:03:07
Ich musste mich setzen. Deine Worte haben mich umgehauen, meine „Verm@ilte". Ich denke so sehr an Dich, so voller Zärtlichkeit. Immerzu und bis morgen.

* * *

✉ **Betreff: Worte**
Datum: 30.11.2012, 16:06:07
Muss ich mir schon wieder Sorgen machen? Habe ich Dich überfordert? Es floss mir gestern einfach aus der Feder, es floss, ich laufe über, bin voll mit Worten. Sollte ich sie besser abwägen und gut sortieren? Wo steckst Du denn heute? Anna

✉ **Betreff: Re: Worte**
Datum: 30.11.2012, 19:02:00
Ich bin seit heute Morgen im Büro. Oliver hatte mich sofort in Beschlag genommen, meine wunderbare Anna. Wir

machen heute eine Nachtschicht. Der Produzent will unser erstes gemeinsames Drehbuch zuklappen. Wir müssen fertig werden.
Deine Worte durchdringen mich, wandern in mein Herz und werden von dort in jede Zelle meines Köpers geschwemmt. Zu viel? Davon kann ich nicht genug bekommen. Es ist wie eine Droge für mich, Du bist eine Droge für mich, die stärkste, die ich kenne.
Hattest Du heute wieder Dein ungutes Gefühl? Es ist Freitag, da plane ich nebenbei das Familienprogramm fürs Wochenende. Dabei bekomme ich immer ein schlechtes Gewissen, Du spürst das, ich bin jedes Mal verblüfft, wie das funktioniert.
Jetzt sitze ich im Büro. Oliver ist gerade nebenan, unsere Überarbeitung ist wahrscheinlich schon im Berliner E-Mail-Kasten angekommen.
Ich habe meine Bürotüre geschlossen und rieche an Deinem Tuch, es duftet durch die Tüte hindurch, dabei schaue ich auf das blaue Sofa. Ich sehe Dich sitzen, Du hast es Dir bequem gemacht, hältst eine Tasse Tee in der Hand, Du lächelst mich an und ich muss keine fünfhundert Kilometer mehr überwinden, sondern nur noch zwei Schritte machen. Du kannst gerade noch den Tee abstellen, dann bin ich bei Dir, umarme Dich, halte Dich, rieche Dich, küsse Dich, wieder und wieder, streichle Dein Gesicht, muss Dich ansehen, ja, Du bist es wirklich, hier bei mir auf dem Sofa, nur Du und ich. Deine Hände fahren über meinen Kopf, innerlich schnurre ich, wie eine Katze. Ich schmiege mich in Deine Arme und ich bin glücklich, zufrieden, hungrig und satt, zärtlich und leidenschaftlich, einfach nur ich, verbunden mit Dir, meiner Liebe.

* * *

Betreff: Das Sonntagsgefühl ✉
Datum: 01.12.2012, 10:23:04

Mein Lieber,
ja, ich hatte gestern wieder das schreckliche Sonntagsgefühl, obwohl erst Freitag war. Es hält bis heute an. Dabei sind es nur die Wochenenden, an denen Du mich kaltstellst. Wie soll ich Weihnachten überleben oder Deinen nächsten Familienurlaub? Werde ich an Gefühlen sterben? Deinen letzten Urlaub habe ich ganz gut überwunden. Ich konnte Dir nah sein, indem ich für Dich unsere schöne Rubrik „Zum ersten Mal" gefüllt habe.
Ich habe dennoch Angst, Angst, dass Du Dich selbst geißelst und mich abschaffst. Ist Dir eigentlich klar, dass wir niemals, nicht einmal drei winzige Tage zusammen Urlaub machen werden, an die Ostsee reisen können, wobei wir natürlich das Meer nur riechen würden, wenn wir das Fenster öffnen, weil wir nicht aus dem Bett rauskommen würden?
Ich bin auf dem blauen Sofa, sehe, noch bevor ich meine Arme um Dich schlingen kann, wie meine Lippen ganz sanft an Deinen zupfen. Ich werde etwas Schönes anziehen für Dich. Es macht mir Spaß, mich für Dich schön zu machen. Es interessiert sonst niemanden, wie ich aussehe, außer mich selbst. Ich lasse mich nicht gehen, auch wenn keiner nach mir schaut.
Ich fahre fünfhundert Kilometer für ein paar Stunden mit Dir. Es ist Wahnsinn oder Liebe.

* * *

✉ **Betreff: Leben und Liebe**
Datum: 03.12.2012, 11:43:07
Ich saß heute Morgen auf dem Zahnarztstuhl und dachte die ganze Zeit an Dich. Ob das ein gutes Zeichen ist? Ich habe keine Angst vorm Zahnarzt, ich hüte andere Ängste. Anna, wenn ich Dich noch einmal küsse, einmal noch Deinen Duft einatme, noch eine Nacht oder einen Tag mit Dir verbringe, dann gibt es für mich kein Zurück mehr. Bin ich

mit Dir zusammen, betrüge ich meine Frau und meinen Sohn. Bin ich zu Hause, schmeckt es, als würde ich Dich betrügen. Ich habe auch mit meiner Frau so viel, was uns verbindet. Unter dem Eindruck der Begegnungen mit Dir verliert die Verbindung zu ihr an Glanz.
Ich fühle mich wie durch die Schleuder gedreht. All das strengt mich so sehr an. Dabei ist es auch wunderschön. Durch unsere E-Mails ist es für mich ganz natürlich, Dich anzufassen, ich muss darüber nicht nachdenken. Ich habe Dich in Kassel gesehen, gerochen und direkt angefasst, festgehalten und nur noch zweimal losgelassen. Mir kribbelt die Hand, wenn ich daran denke, sie zuckt, greift ins Leere, will Dich fassen. Wo bist Du?

Betreff: Re: Leben und Liebe ✉
Datum: 03.12.2012, 11:48:55
Ich bin hier, hier bei mir zu Hause im Bürozimmer. Und wo bist Du jetzt? Es sind nur fünf Stunden Weg bis nach Leipzig, los, komm doch her! Besuche mich an meinem Schreibpult, stehe hinter mir und umarme mich, schau, ob noch alles da ist, was Dir gehört, schnüffle an meinen Handgelenken meinen Duft, den Du so liebst. Ich führe Deine Hände zu der Stelle, wo es zieht in meinem Bauch, wenn ich an Dich denke. Wenn ich mich umdrehen darf, hebst Du mich hoch und setzt mich aufs Schreibpult. Ich bin nun einen Kopf größer als Du, Du kannst also Dein Haupt an Deiner Lieblingsstelle platzieren und inhalieren und mich verrückt machen.

Betreff: Aw: Leben und Liebe ✉
Datum: 03.12.2012, 11:59:15
Hinter Dir am Pult, vor Dir am Pult, meinen Kopf da, wo er so gut hinpasst. Du streichelst mit gefühlten vier Händen meinen Kopf, ich schiebe Dein Kleid hoch, nur damit es nicht knittert, wieder trägst Du halterlose Strümpfe, das macht mich verrückt, meine Hände auf Deiner Haut, kühl

und unglaublich heiß zugleich, mein Gesicht verschwindet in Deinem Dekolleté. Wie ich das liebe, Deine Brüste sind direkt von Gott gemacht, die Form! Ich will sie küssen, am Rand des BHs entlang, ein Körbchen ist verrutscht, ich war das nicht, nehme das Geschenk aber dankbar an, endlich können meine Lippen einen Nippel umschließen, ganz hart und doch zart, dieses Gefühl ist himmlisch. Ich glaube, wir müssen dringend auf das blaue Sofa!

✉ **Betreff: Nie wieder!**
Datum: 03.12.2012, 12:02:16
Sag nie wieder das böse N-Wort! Sprich es nie wieder aus!! Ich finde es ekelhaft.

✉ **Betreff: Re: Nie wieder!**
Datum: 03.12.2012, 12:03:44
Das Wort fiel in der Erregung. Gibt es dafür ein schöneres Wort? Manches kann man nicht beschreiben, man muss es erleben.

* * *

✉ **Betreff: Gute Nacht**
Datum: 04.12.2012, 19:13:44
Es war so schön, heute mit Dir zu telefonieren. Drei Mal täglich! Rekord! Aber jetzt muss ich los, ich habe eine Verabredung mit meinem Lieblingskollegen Christian. Noch sechsmal schlafen, bis wir uns sehen, ich freue mich so sehr. Mein Herz galoppiert bei dem Gedanken, Dich endlich zu umarmen. Ich verbrenne heute schon. Ich küsse Dich jetzt zum Abschied, ganz zart, etwa siebenmal auf Deine schmalen Lippen. Ich beiße ganz zart in die untere, es tut nicht weh! Als Entschuldigung stupse ich sie mit meiner Zungenspitze an und küsse Dich noch einmal, und noch einmal, und noch einmal und noch einmal.
Bis morgen!

Betreff: Re: Gute Nacht
Datum: 04.12.2012, 19:15:06
Nein, nein, nicht bis morgen. Ich schreibe Dir gleich noch eine schöne E-Mail, meine Liebe, damit Du etwas von mir hast, wenn Du von Deiner Verabredung zurückkommst.

Betreff: Was ich für Dich fühle
Datum: 04.12.2012, 20:02:02
Ich lasse es einfach fließen, Anna. Ich werde es nicht noch einmal lesen und entschärfen oder korrigieren. Das ist es, was ich für Dich fühle: Unser „Experiment" ist in allem so extrem.
Extreme Sorgen gestern, genauso extreme Sehnsucht nach Dir heute. Ich bin mit der Vorstellung erwacht, Dich in wenigen Tagen zu sehen. Das hat mich einfach nur glücklich gemacht. Jetzt noch, während ich Dir das schreibe, bin ich so voller Gefühl für Dich, dass ich es selbst kaum glauben kann. Heute laufe ich über vor, ja, vor Liebe für Dich. Ein anderes Wort gibt es dafür nicht.
Das ist es, was ich empfinde. Ich liebe meine Familie, ich bin seit achtzehn Jahren mit meiner Frau zusammen, in der Zeit sind meine Eltern gestorben, wir haben ihre Mutter in den Tod begleitet, wir haben einen Weltreise zusammen gemacht, wir haben ein Kind zusammen, das alles verbindet uns tief und trotzdem liebe ich Dich.
Jetzt habe ich es geschrieben. Das ist mir heute klar geworden. Ich liebe Dich, ich begehre Dich, ich denke an Dich, und wenn ich an Dich denke, bin ich glücklich. Was soll das sonst sein? Geht das alles zusammen? Irgendwie schon, es tut weh, es bereitet mir Sorgen. Ich habe ein schlechtes Gewissen, aber ich bin auch unglaublich glücklich. Du bist das, Anna. Das ist großartig, das ist schlimm, das ist verrückt, das tut weh und macht unglaublichen Spaß.
Du schreibst mir so schöne Dinge, Du bist so zärtlich zu mir, so leidenschaftlich, Du denkst die ganze Zeit an mich, reist quer durch die Republik, damit wir uns sehen können,

ich schleiche mich dafür davon, schiebe Krankheit oder Arbeit vor, doch nicht „nur" für diesen gigantischen Sex, den wir haben.
Nein, ich liebe Dich, Anna. Jetzt kannst Du mich drauf festnageln. Ich liebe Dein Lachen, Deine Hände, Deine Post, Deine Brüste, Deine Musik und Deine Wohnung werde ich auch lieben. Ich bin heute sehr überschwänglich. Das war nicht geplant, alles nicht geplant. Aber nun ist es so. Was das heißt, weiß ich noch nicht, darüber will ich jetzt nicht nachdenken.
Heute bin ich einfach nur glücklich. Wegen Dir, weil ich Dich liebe, Anna. Soll ich es noch einmal schreiben?
Ich liebe Dich, Anna!

✉ **Betreff: Re: Was ich für Dich fühle**
Datum: 04.12.2012, 23:01:13
Ich bin sprachlos. Warte, ich muss mich sammeln.

✉ **Betreff: Es kann nicht sein, was nicht sein darf**
Datum: 04.12.2012, 23:59:59
Mein Roger, zuerst kommt mein Verstand zu Wort. Er spricht klare Worte. Du darfst mich nicht lieben, Du bist verheiratet. Wie willst Du Deine Ehe leben, wenn Du mich liebst? Unsere Liebe wird eine Bedrohung für Deinen Familienalltag werden. Du wirst mit mir zusammen sein wollen, Dir Dein Leben mit mir teilen wollen. Du wirst Dir einen entsetzlichen Entscheidungsdruck auferlegen. Was dabei herauskommt, wird mich umbringen. Deshalb will ich jetzt nicht mehr denken, sondern mein Herz sprechen lassen:
Dich nicht zu lieben, wäre für mich wie einen Vulkan zu stoppen. Aussichtslos! Meine Gefühle sind stark wie Naturgewalten.
Mein Roger! Du hast mich getroffen, ja wirklich ins Herz getroffen. Ich weine und lache heute Nacht gleichzeitig vor Glück. Ich bin durch meine Wohnung gerannt, ich musste

irgendetwas tun, aber was? Nachts joggen? Noch einmal, zweimal, zwölf Mal habe ich Deine E-Mail gelesen. Ich bin so aufgelöst, mir ist schummerig im Kopf und ich habe dazu dieses verliebte beseelte Grinsen auf dem Gesicht. Ein Grinsen, mit dem ich heute Nacht einschlafen werde. Und immer wieder schießen mir die Tränen in die Augen. Ich wollte Dir das nicht schreiben, ich wollte es Dir persönlich sagen, wenn wir uns wiedersehen, und Dir dabei in Deine Augen schauen, in Bonn oder Köln. Roger, es ist wahr: Ich liebe Dich! Ja, so ist es. Wir sind keine Eintagsfliegen, kein Strohfeuer. Ich fühle das genau. Ich kenne mich. Ich weiß, Du bist der Mann für mich. Ich bin überwältigt. Für Dich würde ich mein ganzes Leben umleiten. Die Hälfte davon ist bereits um. Das macht mir Sorgen, ich denke nach. Sich das eigene Ende vorzustellen, übersteigt unsere Vorstellungskraft.

Du tust mir leid, weil Du in einem Zwiespalt steckst. Alles, was Du schreibst, schweißt Dich und Deine Familie zusammen. Achtzehn Jahre! Wer sind wir dagegen? Ein Luftkuss! Das Niesen eines Schmetterlings! Wir kennen uns nicht achtzehn Jahre, sondern nur knappe sechs Monate, in denen wir uns vier Mal getroffen haben. Wir hüten nicht den Schatz einer gemeinsamen Vergangenheit, wir haben keine Erinnerungen, die uns verbinden. Das spricht allerdings für etwas ganz Großes in der Zukunft! Es ist unbeschreiblich!

Ich will auch nicht darüber nachdenken, was aus uns wird, lass uns einfach weitermachen. Lass es uns genießen, so wie es ist. Ich will Dir ins Gesicht sehen und Dir sagen: „Ja, ich liebe Dich, nur Dich“, Roger Nowitzki, den selbst ernannten „langweiligen Familienpapa“. Du bist der einzige Mensch auf dem Planeten, den ich liebe. Ist das nicht großartig! Wo es doch so viele Menschen gibt, die ich lieben könnte. Ich habe noch nie jemandem eine Liebeserklärung gemacht. Nie hätte es sich richtig angefühlt. Aber jetzt tut es das. Es ist schön und schrecklich zugleich. Ich bin nicht nur verliebt, ich liebe und das ist schlimmer, zumindest in unserer Konstellation, in unserem Experiment. Doch eigentlich ist die Liebe eine ganz einfache klare saubere Sache. Wir machen alles richtig. Wir müssen es leben! Alles andere wäre ein Verbrechen am Leben. Du bist 1989 geflüchtet, konntest mir aber dennoch nicht entkommen.

// 7. Kapitel – Rausch //

Betreff: Dich zu lieben
Datum: 05.12.2012, 09:00:54
Meine liebe Anna, mein Herz, meine Liebe,
ich bin noch betrunken von Deinen Worten, ich schwebe durch unser Büro. Dein Handy ist aus, ich muss aber meine Gefühle für Dich loswerden. Ich habe kurz überlegt, Oliver zu umarmen. Draußen rieselt der erste Schnee, aber ich habe Hitze. Anna, ich liebe Dich!

Betreff: Re: Dich zu lieben
Datum: 05.12.2012, 12:40:33
Für Dich werde ich es aussprechen. Nur für Dich! Wärst Du jetzt hier oder ich bei Dir, würde ich in Deinen Armen weinen vor Glück.
Ich konnte nach Deiner E-Mail nicht schlafen, musste mich mit Wein berauschen, um fünf Uhr aufstehen, um einen Fernsehbeitrag über eine Herzoperation zu drehen, dabei zusehen, wie ein Brustkorb aufgesägt wird, den Geruch ertragen, einen für seinen Beruf brennenden Herzchirurgen interviewen, der die Liebe zu seinem Job in Bonn entdeckt hat. Heute war alles dabei für mich. Alles!

Betreff: Offenes Herz
Datum: 05.12.2012, 12:47:36
Ich habe nicht daran gedacht, dass Du heute am offenen

Herzen operierst, sonst hätte ich vielleicht mit meiner Liebeserklärung gewartet. Obwohl, das ging nicht, das musste raus, ich muss Dich gleich anrufen, mit Dir sprechen, Deine Stimme hören. Nur wann? Ich fahre jetzt mit Victor zum orthopädischen Schuhmacher, um seine Einlagen abzuholen, im Anschluss bin ich zu Hause. Vielleicht komme ich nicht dazu und kann Dir auch nicht mehr ausführlich schreiben. Wie grausam!
Aber Du weißt nun, dass ich nicht vor Dir auf der Flucht bin. Ein ohnehin sinnloses Unterfangen, wie Du richtig erkannt hast. Du kannst Dir meiner Gefühle sicher sein, auch wenn ich mich zwei Stunden nicht melde, oder heute einen halben Tag lang. Es fühlt sich groß an, jetzt wo ich es ausgesprochen habe, klar, gut, richtig, kompliziert, aber nicht zwischen uns, die Umstände sind es. Zwischen uns ist es klar, ich liebe Dich und Du liebst mich. Das liest sich gut, oder? Ich liebe Dich und Du liebst mich. Bald sage ich es Dir ins Gesicht. Mir wird vor Aufregung ein wenig schlecht, wenn ich nur daran denke.
Was hast Du nur mit mir gemacht? Meine liebe Anna, was? Ach, wenn ich Dich doch jetzt nur küssen könnte, halten, den Moment mit Dir teilen.
Ich muss los, ich denke an Dich. An wen und woran sonst?

✉ **Betreff: Geliebte!**
Datum: 05.12.2012, 13:45:10
Anna, ich bin heute völlig aus dem Häuschen. Und wie sich das steigern lässt! Meinst Du, wir hätten uns 1989 auch ineinander verliebt, wenn wir uns begegnet wären?

✉ **Betreff: Geliebter!**
Datum: 05.12.2012, 13:53:57
Mein Geliebter,
klingt „Geliebter“ jetzt anders?
Nein, ich hätte mich vor dreiundzwanzig Jahren nicht in Dich verliebt. Ich war damals jemand anderes. Ich war zu

einer braven, unselbstständigen, obrigkeitshörigen „Ja-Sagerin“ erzogen worden. Du hättest mich nicht wahrgenommen und ich hätte Angst vor Dir und Deinen Fluchtplänen in den Westen gehabt.
Bald ist es so weit, Roger, zwischen uns werden nicht mehr fünfhundert Kilometer liegen, sondern nur noch winzige Schweißtropfen auf unserer Haut, wenn wir uns lieben.

Betreff: Re: Geliebter ✉
Datum: 05.2012.12, 13:58:02
In der Tat hat das Datum unseres Kennenlernens für uns keine Bedeutung. Ich würde Dich auch lieben, wenn Du immer noch mit Herrn Kleemann, dem Kameramann, zusammen wärst.

Betreff: noch viermal Schlafen ✉
Datum: 05.12.2012, 14:01:08
Ich habe heute Morgen meinen Mietwagen abgeholt, mein Saab ist in der Werkstatt, aber ich will unbedingt am Sonntag zu Dir gelangen. Ich freue mich sogar auf die fünf Stunden Fahrt zu Dir.

* * *

Betreff: Morgenluft ✉
Datum: 06.12.2012, 10:29:11
Meine geliebte Reitersfrau,
als Deine SMS vorhin aus dem Pferdestall kam, stand ich im Bad, putze mir die Zähne und las noch einmal Deine E-Mail. Ich lese Deine E-Mails immer mehrmals. Ich wäre so gern mit Dir und dem Pferd über die neblige Wiese spaziert, hätte Dich beobachtet, wie Du mit ihm umgehst, Dir im Stall zugesehen und nur daran gedacht, wie ich Dich gleich trocken reiben werde, zu Hause bei Dir, wie ich Dir aus der Jacke helfe, aus den Stiefeln, dann Dein kaltes Gesicht warm küsse, Dich langsam ins Bad bringe, wo ich

Dir aus Deiner restlichen Kleidung helfe. Dabei stelle ich die Dusche an, damit das Wasser die richtige Temperatur hat, wenn Du Dich darunterstellst. Ich werde dicht hinter Dir sein. Ich muss Dir doch den Rücken einseifen und Deinen schönen Po, Deine Schultern, Deinen Bauch, Deine Brüste, ich seife alles ganz vorsichtig ein. Dein Handtuch wartet auf der Heizung. Ich wickle Dich darin ein und führe Dich ins Schlafzimmer. Das Reiten war anstrengend, Du musst noch ein wenig ruhen. Wie wäre es mit einer kleinen Massage?

✉ **Betreff: Re: Morgenluft**
Datum: 06.12.2012, 10:55:45
Welch schönes Nikolausgeschenk von Dir! Da kann ich nicht widerstehen! Wir würden jetzt noch im Bett liegen und lieben, während alle anderen draußen dem Alltag nachrennen. Es würde mir gefallen. Nur die Reitstiefel würde ich mir selbst ausziehen, weil ich nicht möchte, dass Du vor mir niederkniest.

✉ **Betreff: Öl ins Feuer**
Datum: 06.12.2012, 16:02:05
Ich bin schon fertig mit der Arbeit für heute. Oliver ist gegangen. Ich sitze allein im Büro und verzehre mich nach Dir. In dieser Woche ganz extrem, es wird jeden Tag schlimmer und schöner.
Wir haben heute unser neues Büroregal aufgebaut, das blaue Sofa noch einmal umgestellt und nach Dekoration gesucht. Wir haben aber noch nicht das Passende gefunden. Die schönste Dekoration sitzt noch in Leipzig und wartet auf den Transfer.
Es kommt nichts dazwischen, Anna. Wir sehen uns am Sonntagnachmittag hier in Bonn. Noch länger halte ich es ohne Dich nicht aus. Du hast mit Deinem Geständnis noch mehr Öl ins Feuer gegossen. Oder war ich das? Wie konnte es so weit kommen? Vor einem halben Jahr wollte

ich nur mein Buch verkaufen, stattdessen habe ich mein Herz verloren.
Aber ich habe auch etwas bekommen, ein Implantat und da, wo früher mein Herz schlug, echot im gleichen Takt ein Wort: Anna, Anna, Anna. Ungefähr 70 Mal in der Minute, 4.200 Mal in der Stunde, 100.800 Mal am Tag. Anna!

Betreff: Re: Öl ins Feuer ✉
Datum: 06.12.2012, 16:22:55
Habe ich das Öl ins Feuer gegossen? Du warst Erster! Ich war überrascht und ohne Reaktion von mir hättest Du die Nacht nicht überlebt. Also tat ich noch einmal Brandbeschleuniger dazu. Ich sah es zwar so kommen und hatte meine Antwort auf Deine Ansage längst zurechtgelegt, weil „nicht sein kann, was nicht sein darf", aber dann kam es anders. Ja, ich liebe Dich, viel schneller als Du mich.
Ich denke über den gestrigen Tag genau wie Du. Auch die Formulierung „Öl ins Feuer" hatte ich mir schon zurechtgelegt. Wir sprechen dieselbe Sprache. Vermutlich bist Du der erste, letzte und einzige „Seelenverwandte", der meinen Lebensweg kreuzt. Die Hälfte davon ist bereits um. Ich habe „Halbzeit" und Du bist schon drüber. Wir müssen es nutzen. Wir könnten morgen schon tot sein.

* * *

Betreff: Seelenverwandte ✉
Datum: 07.12.2012, 11:08:35
„Seelenverwandte" – das Wort gefällt mir. Woran machst Du das fest? Was bedeutet es für Dich? Ich finde, es ist sehr bemerkenswert und alles andere als „normal", dass Du mir vom ersten Moment an so vertraut warst. Es fiel mir leicht, Dir in Moritzburg ein Kompliment für Dein Kleid zu machen. War das schon nach einer Minute? Ich saß noch auf der Bank und sagte: „Schönes Kleid, Frau Fröhlich." Ich bin nicht schüchtern, aber hättest nicht Du

es getragen, wäre ich einfach darüber hinweggegangen. Wahrscheinlich hat es mir nur so gut gefallen, weil DU es getragen hast.
Es war auch direkt lustig mit Dir. Das ist Deine Masche beim Fernsehdreh, ich weiß. So wickelst Du die Menschen um den Finger und dann tragen sie auch gerne Puschelmikrofone am Revers und laufen zehn Mal für Deinen Kameramann auf und ab. Du bist eben ein Profi.
Aber wir haben einen ähnlichen Humor, sonst könnten wir nicht so lange am Telefon reden. Vielleicht lachst Du jetzt, weil das nicht stimmt. Der Nowitzki?! Und Humor?! Das ist der erste Witz, den ich von ihm höre!
Es erschien mir völlig selbstverständlich, den Käfer von Deinem Hals zu schnippen. Und um ein Haar hätte ich Dir auf die Schulter geklopft, weil ich Dich eigentlich umarmen wollte. Beides war nicht angemessen, deshalb erstarb diese Geste auf halbem Wege.
Bedeutet Seelenverwandtschaft diese sofortige Vertrautheit? Sie setzt sich in unseren E-Mails fort. Ob per Sie oder per Du.
Und dann Kassel! Die Frage, wer knickt ein und wann? Die Antwort, beide, und zwar sofort. Gut, ich ein paar Sekunden früher. Jede Berührung fühlte sich vollkommen richtig an, es musste so sein, es gab nichts Verkrampftes, Zögerliches, sondern nur ein zärtliches Fließen, das immer wieder sehr leidenschaftlich wurde.
Überträgt sich die Seelenverwandtschaft auf unsere Körper? Wenn ja, muss es sich genau so anfühlen. Achtung, jetzt wird es esoterisch: Vielleicht sind unsere Seelen nicht verwandt, sondern kennen und lieben sich schon lange. Vielleicht waren wir 1945 in Kyritz, als Wilhelm Pieck die Bodenreform verkündete, küssten uns lange davor in Krakau am polnischen Hof, liebten uns im Mittelalter an einem masurischen See. Wenn ich an uns denke, sehe ich uns im Osten, in Polen, wollten nach Amerika auswandern, wurden aber getrennt und stehen in einer Zukunft zusam-

men auf einer Terrasse und blicken auf das futuristische Berlin. Vielleicht sind unsere Seelen über die Jahrhunderte miteinander verbunden. Finden sich, trennen sich, verlieren sich, aber erkennen sich sofort, wenn sie sich wiederbegegnen. In der Vergangenheit, Gegenwart und in der Zukunft, immer. Zeit ist nicht linear, sondern räumlich. Alles passiert gleichzeitig, nur auf verschiedenen Ebenen.
Was meinst Du? Ist Dir das zu durchgeknallt? Bilden wir uns das alles nur ein? Weil unsere Herzen fast zerspringen, wenn wir aneinander denken?
Wenn es eine Seele gibt, dann stirbt sie nicht mit dem Körper. Hat jeder Mensch eine Seele? Wenn ja, wo kommen die Seelen her? So viele Seelen? Sind die unerschöpflich? Werden irgendwo neue hergestellt? Es kommen mir viele Menschen seelenlos vor, wahrscheinlich weil sie keine Seelen mehr haben. Sie haben sie nicht genutzt, konnten sie nicht nutzen, weil sie als Kind schon in eine seelenlose Umgebung geboren wurden, und damit sie nicht ganz verkümmert oder sogar stirbt, hat man sie ihnen wieder weggenommen. Ihnen ein Stückchen vom Himmel gezeigt, einen reinen, schönen Moment geschenkt, den sie achtlos haben vorbeiziehen lassen. Und ihnen dann, bevor sie gänzlich verkümmert oder stirbt, die zarte Seele wieder abgenommen. Die bekommt ein anderer, der nun Gelegenheit hat, etwas damit anzufangen. Wir haben glücklicherweise jeder eine bekommen. Und meine flippt aus, seitdem Du in meinem Leben bist. Sie hat ihren Verwandten wiedergefunden.

Betreff: Nachschlag ✉
Datum: 07.12.2012, 11:59:30
Meine Anna, Du bist auf dem Weg zum Fernsehdreh nach Magdeburg, ins „Land der Frühaufsteher“. Ich habe Dir gerade per SMS geschrieben, dass ich Dich liebe. Wenn man fühlt, was man schreibt, entfalten diese drei Worte ein sehr große Wucht. Ich liebe Dich, Anna. Und seit ich

es zum ersten Mal ausgesprochen habe, denke ich nichts anderes mehr.
Gerade habe ich unsere allerersten E-Mails aus dem Sommer gelesen. So viel unterscheiden sie sich gar nicht im Ton von den heutigen, jedenfalls von denen ohne Erotik, wobei alle Deine E-Mails extrem erotisierend auf mich wirken, aber das weißt Du ja. Wir haben geflirtet, oder interpretiere ich das jetzt hinein? Wahrscheinlich steckte es schon in mir, in uns, Du hast es schon gewusst, sechs Monate hat es bei mir gedauert. Nun sehen wir uns am Sonntagnachmittag im Büro wieder. Zu Hause habe ich eine Sonntags-Sonderschicht angemeldet. Der Montag gehört uns dann ganz. Es wird ein besonderes Wiedersehen. Es ist immer besonders, aber dieses Mal noch mehr. Wir sehen uns in die Augen und ich werde Dir sagen: Ich liebe Dich! Roger Nowitzki liebt Anna Fröhlich. Das können wir in einen Baum ritzen, mit einem Herz drum herum. Ich freu mich so auf Sonntag, Anna!

✉ **Betreff: Re: Nachschlag**
Datum: 07.12.2012, 12:45:18
Ja, die Wucht ist gewaltig. Ich kann sie fast physisch spüren. Ich denke darüber nach, was es bedeutet. Eigentlich war es doch klar. Warum ist es ausgesprochen so brachial? Unser Wiedersehen wird großartig. Ich dachte eigentlich, intensiver geht es nicht mehr, aber geht es doch. Mein Körper bebt schon bei dem Gedanken daran.
Ich denke allerdings auch: So hoch wir jetzt fliegen, so tief stürzen wir ab. Irgendwann, irgendwie, vielleicht aber auch nie. Anna

✉ **Betreff: Anruf**
Datum: 07.12.2012, 14:21:00
Ach, was für eine schöne Überraschung, Deine Stimme zu hören. Jeder Ton schlängelte sich in mein Ohr, durch meinen Kopf, in mein Blut, bringt Hitzeteilchen zum Schwin-

gen, verursacht Aufregung im Magen, Aufruhr in der Region darunter und ein Grinsen, dass ich noch nicht wieder abgelegt habe. Zum Schreiben bin ich jetzt vom blauen Sofa aufgestanden, aber gleich lege ich mich wieder darauf, mache die Augen zu und träume von Dir. Vorher nehme ich noch einen Schuss aus der Tasche, in der Dein Dufttuch versteckt ist. Ich bin ein Junkie, voll auf Anna.
Ich wusste wirklich nicht mehr, wie aufregend, anregend und anstrengend es ist, so verliebt zu sein. Zu lieben, Dich zu lieben! Und das in meinem Alter, wo schon mehr als die Hälfte meines Lebens um ist. Ich werde darauf achten, dass am Sonntag ein Defibrillator im Büro ist.
Es kommt ganz zart in Dein Ohr gehaucht: Ich liebe Dich, Anna.

Betreff: Philosophie/Seelenverwandtschaft ✉
Datum: 07.12.2012, 14:56:10
Nun ja, ich bin ja nicht so auf Esoterik. Ich bin Journalistin. Die Seele? Ich denke, wir sind nur Wasser und Kohlenstoff, ohne Seele. Es ist aber ein grandioser Gedanke, dass sich die Seelen über Jahrhunderte kennen und wiederfinden. Aber meinst Du nicht, wir Menschen bilden uns da zu viel ein? Weil wir denken können? Weil diese Vorstellung Hoffnung auf eine Fortsetzung des Lebens nach dem Tod spendet?
Ich bin im Hier und Jetzt, nur noch vierzig Jahre, wenn ich Glück habe. Das beschäftigt mich wirklich.
Woran mache ich das fest? Seelenverwandte: Mit „Seelenverwandte" meinte ich keine Verbindung über Jahrhunderte, obwohl das ein großer Gedanke ist. Ich mache diese schöne Bezeichnung daran fest, dass alles so extrem einfach, vertraut und selbstverständlich ist zwischen uns. Wir kennen uns kaum. Ich habe Dir einmal geschrieben, dass wir gut zusammenpassen werden, in allen Bereichen. Und so ist es auch. Am Sonntag werden wir synchron explodieren. Ja, ganz einfach wird das sein.

Du bist mein Hauptgewinn. Die Begegnung mit Dir teilt mein Leben in „Vorher“ und „Nachher“. Das Beste im Leben. Da kommt nichts mehr. Reicht Dir das als Liebeserklärung?
Im Übrigen gefällt mir die Vorstellung, dass die Zeit räumlich ist, nicht linear. Wir Menschen haben die Zeiteinteilung erfunden, um unserem Leben Struktur zu geben. Die Zeit ist ein künstliches Konstrukt, dem alle folgen. Dem Erdball und meinem Pferd ist es egal, ob wir Stundentakte erfinden oder nicht. Also gibt es eigentlich gar keine Zeit. Sie ist eine erfundene Maßeinheit. Wir richten uns nach ihr, weil es das Leben in industriellen Welten einfacher macht.

✉ **Betreff: Re: Philosophie/Seelenverwandtschaft**
Datum: 07.12.2012, 15:30:08
Ich denke, wir sind mehr als Kohlenstoff und Wasser. Ich habe ein Mal in meinem Leben zwei Tote gesehen. Ich war joggend im Wald unterwegs, als mich ein ohrenbetäubender Lärm aus meinen Tagträumen riss. Nur wenige Hundert Meter von mir entfernt war ein Ultraleichtflugzeug abgestürzt, mitten durch die Baumkronen hindurch eingeschlagen. Ich war der erste Zeuge. Der Pilot und seine Begleiterin saßen im Cockpit, als würden sie schlafen. Sie sahen so friedlich aus. Es war still rundherum, bis auf das Zwitschern der Vögel.
Von Weitem sahen die beiden noch sehr lebendig aus, aber als ich vorsichtig mit rasendem Herzen näher trat, sah ich, dass sie wirklich tot waren. Der kleinste Funke Leben war aus ihren Gesichtern gewichen.
Keine Ahnung, ob nach dem Tod etwas kommt. Früher dachte ich, dass dann einfach das Licht ausgeht und fertig. Inzwischen glaube ich das nicht mehr. Wir sind Energie, und die geht nicht verloren mit dem Tod. Die Energie verlässt den toten Körper, aber sie ist nicht verloren. Wo sie hingeht, weiß ich nicht, aber sie ist nicht weg.

Aber das spielt für den Moment keine Rolle. Für mich zählt nicht das Jenseits, sondern nur der Augenblick, in dem ich Dir die Tür öffne und wir uns in die Arme nehmen können. Ganz in der Gegenwart, kein Gestern, kein Morgen, nur der Moment. Vielleicht ist das auch die Ewigkeit? Ich hätte nichts dagegen. Roger

Betreff: „Kleine Morde hinter der Mauer" ✉
Datum: 07.12.2012, 15:39:01
Anna, stell Dir vor! Es geschehen eben doch Zeichen und Wunder. Der Verlag plant im nächsten Jahr, mein Buch im Rahmen der Leipziger Buchmesse zu präsentieren. Das sollte im letzten Jahr schon passieren, aber da war ich noch nicht fertig damit. Sie haben mich gefragt, ob ich Zeit und Lust habe, im März nach Leipzig zu kommen. Ich platze vor Freude, hoffentlich willst Du mich dann noch bei Dir haben.

Betreff: Re: „Kleine Morde hinter der Mauer" ✉
Datum: 07.12.2012, 15:42:09
Ist das schön! Wir können mehrere Tage hintereinander leben, als wären wir ein richtiges Paar.

PS: Ich muss Dich leider desillusionieren. Die Energie, die nach dem Tod entweicht, ist nichts weiter als Wärmeenergie, die der Tote an seine Umwelt abgibt. Er erhöht damit die Raumtemperatur und treibt damit vielleicht sogar die Erderwärmung voran. Durch seinen verminderten CO_2-Ausstoß nach dem Ableben macht er aber sein kleines Umweltverbrechen an der Erderwärmung wieder gut.

* * *

Betreff: intensiv ✉
Datum: 08.12.2012, 15:40:19
Wir haben gestern eine Stunde am Telefon zusammen

verbracht. Eine von vierundzwanzig am Tag. Die anderen dreiundzwanzig Stunden sind wir im Kopf zusammen, außer wenn wir schlafen. Wir schicken uns Kurznachrichten, schreiben, träumen und verzehren uns. Ich kann mir gar nicht vorstellen, dass es nachlässt. Sollte es irgendwann weniger werden, würde ich mir sofort Gedanken darüber machen, ob Du wohl langsam abkühlst. Ich wäre zuerst panisch, dann unglücklich. Die Latte hängt hoch. Kann man die Liebe so intensiv durchhalten? Anna

✉ **Betreff: Re: intensiv**
Datum: 08.12.2012, 15:45:14
Das ist eine gute Frage. Es zu steigern, wird auf jeden Fall schwer, denn was ist die Steigerung von jeder Sekunde, die ich an Dich denke? Wie lange geht das so weiter? Ich fürchte, noch ziemlich lange, Anna. Ich kann mir viel vorstellen, aber ohne Dich zu sein? Das geht gar nicht! Wirklich nicht.

✉ **Betreff: morgen!**
Datum: 08.12.2012, 15:48:19
Sei Dir gewiss: Mein Herz, mein Körper, meine Gedanken, meine Gefühle, ich ganz und gar, meine Seele, wenn es sie gibt, gehören Dir. Machs gut und vor allem, klappe den Rechner Deines Sohnes jetzt zu! Morgen ist unser Tag. Ich brenne, ich schäume über, zähle die Stunden. Ich will Dich, Dein Herz, Deinen Kopf, Deine Gedanken, Deine Hände, Deinen Körper, alles muss mit. Anna

✉ **Betreff: Re: morgen!**
Datum: 09.12.2012, 18:50:03
Ich zähle die letzten Stunden. Unser Treffen wird ein besonderes sein. Ich werde Dir in die Augen schauen und es Dir sagen. Immer wieder. Nachher schläfst Du, ruhst, streckst Dich. Du kannst mich nicht sehen, aber ich bin bei Dir, auch jetzt, meine Anna.

* * *

Betreff: Nach einer schlaflosen Nacht
Datum: 11.12.2012, 20:00:07

Meine liebe Anna,
unser Liebesspiel war schön, so schön, wunderschön, aber niemals leicht. Nur wenn ich mit Dir zusammen bin oder geschützt hier im Büro am Rechner, kann ich verdrängen, dass im Kühlschrank neben meinem Bier auch die Fruchtzwerge meines Sohnes stehen. Nur dann kann ich ausblenden, dass es nicht nur uns beide gibt, dass ich verheiratet bin und nach einem Brief oder einem zarten Kuss von Dir, der mich schweben lässt, wieder nach Hause gehen muss. Das ist das Gegenteil von leicht.
Ich will überhaupt nicht jammern, jede Sekunde mit Dir war ein Genuss, ein Geschenk, ein perfekter Moment. Meinen Schmerz nehme ich dafür gerne in Kauf. Aber es geht nicht nur um mich. Es geht auch um Dich. Ich bereite Dir auch Kummer, du leidest, du musst mich teilen. Kannst Du das wirklich ausblenden? Mir fällt das alles sehr schwer. Ich führe ein Doppelleben, das macht mich irre. Ich muss mich entscheiden. Ich halte es nicht mehr aus.
Wenn ich Dich noch einmal treffe, noch ein einziges Mal Deinen Duft inhaliere, noch einen Kuss von Dir bekomme, dann gibt es kein Zurück mehr für mich, dann kann ich nicht mehr nach Hause gehen. Ich muss aber nach Hause gehen, ich bin meiner Familie verpflichtet, ich trage Verantwortung für meinen Sohn.
Dann die Vorstellung, meiner Frau zu sagen, dass ich eine andere liebe. Das Gesicht meines Sohnes, der mich dafür hassen wird, dass ich seine Familie damit zerstöre.
Und wenn ich das nicht mache? Heimlich liebe? Oder Dich nie wiedersehe? Dein Gesicht, Deine Tränen, Deinen Schmerz.
Was für eine Scheiße! Entschuldige, ein besseres Wort fällt mir an dieser Stelle nicht ein.

Können wir das alles ausblenden, für einen Tag in Kassel, für einen Abend kurz vor Weihnachten bei Dir in Leipzig? Für einen Spaziergang Hand in Hand, ohne das Gefühl zu haben, dass wir uns verstecken müssen, für kleine Küsse in einer Kneipe, für eine Umarmung auf offener Straße, einen langen, leidenschaftlichen Kuss vor Deiner Tür, bevor wir hineingehen, bevor wir uns lieben und lieben und lieben und am nächsten Morgen nebeneinander aufwachen. Danach wird es garantiert noch „leichter".
Ich bin so traurig. Gestern Nacht und heute in den Morgenstunden habe ich viel nachgedacht. Du bist so klar in dem, was Du tust, was Du fühlst. Ich denke seit fast sechs Monaten darüber nach, wie es wäre, mir mit Dir mein Leben zu teilen. Jedes gemeinsame Lachen, jedes Gespräch, jede SMS geben dieser Vorstellung Futter. Wir sprechen dieselbe Sprache. Wie oft im Leben kommt das vor? Wie oft trifft man einen Seelenverwandten?
Wir haben uns nicht gesucht, nur zufällig gefunden. Ich war nicht auf der Suche nach Abenteuern. Ich sage Dir die Wahrheit.

Du und ich, wir haben Hollywood erlebt, aber mein Zuhause ist in Bonn.
Heute Nacht ist mir klar geworden, dass ich meine Familie nicht verlassen werde, in erster Linie wegen meines Sohnes. Ich will Vater sein.
Ich liebe Dich, Anna, aber ich entscheide mich trotzdem für meine Familie. Ich verlasse Dich nicht wegen zu wenigen Emotionen für Dich, sondern wegen einem „Zuviel" davon. Das klingt paradox und das schreibt sich auch so, aber es stimmt.
Es tut mir so leid, es tut mir aufrichtig leid, meine Anna!
Roger

* * *

Betreff: Anna ✉
Datum: 15.02.2013, 17:51:09
Hallo Herr Nowitzki,
wir kennen uns von einem Fernsehdreh im letzten Sommer. Ich heiße Klaus Kleemann, der Kameramann, Sie wissen schon. Ich muss Ihnen leider mitteilen, dass Anna bei einem Unfall ums Leben gekommen ist. Sie muss an dem Tag von Köln nach Leipzig gefahren sein, das stand auf dem Display des Navigationsgerätes, sagt die Polizei. Es ist direkt vor ihrer Haustür in Leipzig passiert. Anna ist am Unfallort gestorben, ganz schnell. Die Rettungssanitäter konnten nichts mehr machen, aber sie haben mir erzählt, dass Anna im Tod so schön, so glücklich ausgesehen hatte. Sie hatte ein Lächeln auf den Lippen, das die Retter nicht vergessen können. Ich vermute, es galt Ihnen, Herr Nowitzki. Ich habe Annas Haushalt aufgelöst und ihren Computer übernommen. Dabei fand ich Hunderte E-Mails. Sie waren alle an Sie adressiert.
Klaus Kleemann

Betreff: Re: Anna ✉
Datum: 15.02.2013, 18:52:19
Herr Kleemann, können wir telefonieren?
Roger Nowitzki

Betreff: e-mail delivery failed: returning message to sender ✉
Datum: 15.02.2013, 18:52:22

Dankeschön

Ich danke meiner Freundin Sandy Szymantzky dafür, dass sie mir immer wieder Mut gemacht hat, dieses Buch zu schreiben.
Frank Nowak und Matthias Walter danke ich für die wortwörtliche Unterstützung, ebenso Raimund Müller.
Für ihre Neugier und Ausdauer danke ich meinen Testleserinnen Bettina Scheerbarth und Maja Jacobi.

Die Autorin

Anja Nititzki, Jahrgang 1973, lebt und arbeitet in Halle (Saale). Sie ist in Sangerhausen geboren und in der DDR aufgewachsen. Nach ihrem Studium in Halle (Saale) ging sie nach Hamburg und arbeitete als freie Journalistin für Fachzeitschriften und Agenturen. Seit ihrer Rückkehr in ihre Heimat produziert sie Fernsehreportagen, steht als Reporterin vor der Kamera und als Moderatorin auf der Bühne.